基础法律汉语

崔玉珍　主编

北京出版集团
北京出版社

图书在版编目（CIP）数据

基础法律汉语 / 崔玉珍主编. -- 北京：北京出版
社，2024.8. -- ISBN 978-7-200-18753-3

Ⅰ. H195.4

中国国家版本馆 CIP 数据核字第 2024CC0768 号

责任编辑：董拯民　张　颖
责任印制：燕雨萌
责任营销：猫　娘
装帧设计：品欣工作室

基础法律汉语
JICHU FALÜ HANYU

崔玉珍　主编

出　　版　北京出版集团
　　　　　北京出版社
地　　址　北京北三环中路 6 号
邮　　编　100120
网　　址　www.bph.com.cn
总 发 行　北京伦洋图书出版有限公司
印　　刷　北京汇瑞嘉合文化发展有限公司
开　　本　787 毫米 ×1092 毫米　1/16
印　　张　12.75
字　　数　105 千字
版　　次　2024 年 8 月第 1 版
印　　次　2024 年 8 月第 1 次印刷
书　　号　ISBN 978-7-200-18753-3
定　　价　45.00 元

如有印装质量问题，由本社负责调换
质量监督电话　010-58572393

编写说明

　　本书是面向法学相关专业来华留学生的汉语教材。本书主要通过相关案例、新闻报道或相关活动来描绘中国法律制度的总体轮廓，介绍中国当代法治思想和文化，力图使学习者在使用该教材后，能较快地建立起对中国法律的认知体系，提高学习者对中国法律制度、文化等相关知识的了解，进而帮助学习者积累通用领域和法律领域的词汇，同时提高通用汉语水平和法律知识水平，为实现语言向专业学习的转向打下扎实基础。

一、编写缘由

　　随着全球化的深入，国际中文教育进入创新发展、全面构建中国语言文化全球传播体系的新阶段，这就对专门用途汉语教学提出了更新、更高的要求。法律汉语作为一种专门用途汉语，是来华留学生认识中国、适应中国、理解中国的重要窗口。此前法律汉语的教材相对较少，出版时间距今相对较远，难以反映我国当前的法律面貌和法治发展，且编写内容也以专业性为主，未能很好地兼顾专业与通用之间的衔接。因此，本教材拟积极回应时代需求，以"应用型、跨文化"为目标导向，主要针对我国当前的法治面貌，通过贴合日常生活的案例、新闻或介绍，展示我国法律制度的总体面貌，同时突显我国的法治思想或文化，从而可服务于新形势下国际中文教育的转型需求和发展突破，并推动中文在法学场域的应用。

基于此，我们在多年法律汉语教学实践基础上，力图打破传统的听、说、读、写技能训练模式，将不同技能融为一体，进行法律汉语技能综合训练，从而可以有效提高学生在法律活动，以及与法律有关的日常生活、社会交往中运用汉语进行交际的能力。

二、适用对象

（1）对中国法律知识有兴趣的第二语言学习者；

（2）拟将来进入中国高校学习法律专业的第二语言学习者。

三、编写体例

本书共包括12课，每课一个法律话题，分别为认识法庭、宪法日、婚姻纠纷、居留权、移民中国、如何预防网络诈骗、交通纠纷、公司纠纷、法治新闻、影视中的法律文化、法治文化、法治公园。每课分为课文、法律小知识、综合练习和拓展阅读四大板块。四大板块的具体设置如下。

大板块	具体板块	板块说明
课文	导读	针对相关法律话题，引导学生对课文内容进行预习
	课文	每篇500字左右，围绕某一法律话题进行案例式或情景式介绍
	生词	兼顾通用性和专业性，通用汉语词语选取国际中文教育中文水平标准中5~7级的相关词语，法律汉语词语则选取法律领域常用的或重要的相关词语
法律小知识	法律小常识	对特定法律话题中的某个法律小常识或课文所蕴含的法律意义进行解释和说明，并标注其中的重点词语
	法律小常识的英文翻译	为了方便理解，对相关的法律小常识或重点词语进行英文翻译或标记

3

续表

大板块	具体板块	板块说明
综合练习	读一读	对课文中的重点词语进行强化练习，同时熟悉相应词语的高频表达方式
	选词填空	设置8~10道小题，对课文中的重点词语进行巩固练习
	阅读理解	根据课文内容设置2~3道理解性题目，加强阅读之后的理解训练
	思考讨论题	围绕该课的特定法律话题进行更进一步的思考或讨论，一方面加强学生的语言表达能力；另一方面加强学生在法学领域的思考和分析
拓展阅读	拓展课文	围绕特定的法律话题，在课文基础上进行拓展介绍，可以是案例式介绍，也可以是故事、历史、生活等不同角度的拓展介绍
	生词	词语选取和课文生词部分的要求相同

在以上四大板块中，课文板块和综合练习板块需精练，法律小知识和拓展阅读两个板块可根据教学时间灵活安排。

四、编写原则

1.系统性

强调每课在说、读、写3个方面的一体化训练，以使学生在一定量的语言输入基础上，可实现有效输出，提高学生的法律交际或学习能力。主要体现在3个方面。

（1）每课内容始终围绕一个法律话题来展开，并提供相应的法律情景和知识，使学生可以较好地掌握某一法律话题的词汇和表达方式。

（2）在课文编排上，不同板块相互呼应、相互补充，从不同侧面加强学生对某一法律话题的理解和掌握，课文是针对某一法律话题的案例式、情景式介绍，法律小知识是从法律常识或意义的角度对该法律话题的延伸，拓展阅读则是从故事性、历史性、生活性等方面对该法律话题进行拓展。

（3）在综合练习上，不同的练习题型尽管存在训练侧重点的差异，但每一种练习题型实际上都同时加强说、读、写3个方面的训练，力图使学生在这3个方面的技能得到全面发展，同时也在语言习得和法律知识学习两方面都有所帮助。

2.丰富性

本书共有12个不同的法律汉语话题，这些不同的话题主要包括5个方面的内容，即与法律有关的日常生活、在社会生活中高频出现的法律场景、基础的法律知识、最新的法治思想和文化、中西法律文化的对比。具体如下。

课次	法律话题	主课文	拓展阅读
第1课	认识法庭	法庭上的人在做什么？	法庭审理民事案件的流程
第2课	宪法日	你知道什么是宪法日吗？	新中国宪法史上的重要里程碑
第3课	婚姻纠纷	离婚时财产应该如何分割？	《中华人民共和国民法典》中涉及婚姻纠纷的条款
第4课	居留权	从"暂住证"到"居住证"	"居住证"取代"暂住证" 一字之差实现历史性跨越
第5课	移民中国	中国的国际移民政策	中国新版外国人永居证签发启用
第6课	如何预防网络诈骗	网络诈骗案例之"虚假招聘"	常见的网络诈骗类型
第7课	交通纠纷	持境外驾驶证是合法驾驶吗？	交通事故纠纷将实现"网上数据一体化处理"
第8课	公司纠纷	飞机延误是否可以申请赔偿？	迈克尔·乔丹商标纠纷案
第9课	法治新闻	新媒体助力普法宣传	罗翔的魅力
第10课	影视中的法律文化	电影《刮痧》中的中西法律文化冲突	正义之剑:《毒舌律师》的荣光与挑战
第11课	法治文化	中轴线附近的法治文化	中国法院博物馆
第12课	法治公园	法治文化公园	深圳民法公园

3.实用性

注重通用性与专业性的结合、生活实践与语言学习的结合。课文选材、综合练习等内容都结合实际的法律活动，注重法律活动的真实性、话题典型性和扩展性。例如在法律话题的选取上，居留权、移民中国、交通纠纷、公司纠纷等法律话题都是来华留学生颇为关注且在日常生活中经常会碰到的话题内容，从这些话题切入，很容易引起学生的兴趣，有助于学生进一步地深入学习。

4.时代性

注重对我国当前法律制度和法律知识的选取，同时增加了我国当代法治思想和法治文化的内容。第3课涉及《中华人民共和国民法典》的相关内容，该法典正式生效于2021年，是我国法治发展的里程碑。第6课所涉及的网络诈骗近年来持续高发，网络诈骗的手段不断更新迭代，是当前特别值得留意的一种犯罪现象。第11课的法治文化、第12课的法治公园都是我国这几年法治进程中的重要文化体现。

5.案例式

突破传统汉语教学模式，借鉴专门用途语言教学中常见的案例教学模式。每课内容的设置也紧紧围绕案例教学法的教学环节展开，"导读"、"法律小知识"和"拓展阅

读"都是对法律内容的设置,"生词"既包括语言知识的设置,也包括法律知识的考量,"综合练习"则是在语言训练的基础上,对法律话题展开分析、讨论和模拟。

五、编写团队及分工

本书由中国政法大学多位教师共同编写而成。中国政法大学是法律汉语教学和研究的重要阵地,拥有汉语言专业本科生(留学生)和国际中文教育专业硕士学位点。在汉语言专业本科生(留学生)的课程设置中,法律汉语一直占据着重要地位,是该专业的特色课程;同时也进行了多年的法律汉语教学实践,在法律汉语教学上积累了丰富的经验。而在国际中文教育专业硕士学位点的学科建设中,该学位点明确提出以"中文+法学职业发展""中文+法学专业特色"为办学特色,服务于新形势下汉语国际教育的转型需求和发展突破,并推动中文在法学场域的应用;这也体现在课程设置中,并在法律汉语的教学资源建设方面有着较多的思考。

在此基础上,我们组成了跨学科、跨领域的编写团队,团队人员及分工如下:

崔玉珍(语言学及国际中文教育领域):负责第7课、

第8课、第9课的编写，同时负责本书的策划、组织、统稿和润色工作。

李驰（法学领域）：负责本书法学相关内容的审定。

刘芳（国际中文教育领域）：负责第4课、第5课、第10课的编写。

李晓东（国际中文教育领域）：负责第1课、第3课的编写。

马琳琳（国际中文教育领域）：负责第2课、第6课的编写。

谢丹凌（跨文化领域）：负责第11课、第12课的编写。

本书内容来自网络公开内容、法律部门公开的指导案例或相关法律条文。我们根据教学需要对所选材料进行了删改、整合及加工，在此谨对有关媒体及法律工作者致谢。

崔玉珍

2024年1月20日

缩略语和说明性略语
Short forms and Labels

1	n.	noun	名词	míng cí
2	v.	verb	动词	dòng cí
3	adj.	adjective	形容词	xíng róng cí
4	mw.	measure word	量词	liàng cí
5	pron.	pronoun	代词	dài cí
6	adv.	adverb	副词	fù cí
7	prep.	preposition	介词	jiè cí
8	conj.	conjunction	连词	lián cí
9	phrase	phrase	短语	duǎn yǔ

目　录

第1课
认识法庭

法庭上的人在做什么?

【导读 Warm-up】

你去过法庭吗?你参加过法庭审理吗?你知道在中国的法庭上都有哪些人吗?他们在庭审过程中都在做什么?这篇课文将介绍法庭上每个人的工作内容,帮助你了解最基本的法庭知识。

【课文 Text】

法庭是审理案件和解决法律纠纷的重要场所。有多种人员参与庭审,并承担着不同的职责。下面将介绍庭审人员的组成及其职责。

一、法官

法官是庭审的核心人员,是司法审判人员。又称审判长。他们负责主持庭审程序,保证审判公正,并依法做出判决。

二、检察官

检察官是代表国家公诉机关出庭的法律专业人员。他们负责对涉嫌犯罪的被告提起公诉，维护国家法律的尊严和社会的公共利益。检察官需要调查犯罪事实、搜集证据，并在庭审中向法庭提供相关证据和法律观点。

三、原告/被告

原告是起诉的一方，被告是被起诉的一方。原告需要提交起诉状和相关证据，向法庭陈述自己的诉讼请求。被告需要回应原告的诉讼请求，为自己进行辩论，并提交相关证据。原告和被告需要在庭审中回答法官和对方的问题。

四、代理人

代理人是受原告或被告的委托，帮助原告或被告阐述观点、准备材料、参与庭审并完成诉讼活动的人。

五、书记员

书记员是法庭里的辅助工作人员。负责制作庭审笔录、记录庭审的全部过程，保证庭审记录的准确和完整。书记员还要帮助法官整理案件材料、通知当事人庭审时间和地点、准备庭审文件。

六、司法警察

司法警察是负责维持法庭秩序和安全的人员。他们需要确保庭审过程的安全和正常进行，保护法庭人员和当事人的人身安全，维护庭审的秩序。

【生词 New words】

序号	生词	拼音	词性	英文释义
1	法庭	fǎ tíng	n.	court, tribunal
2	审理	shěn lǐ	v.	try a case, hear a case
3	庭审	tíng shěn	v.	court trial
4	纠纷	jiū fēn	n.	dispute
5	案件	àn jiàn	n.	case
6	承担	chéng dān	v.	bear, undertake (responsibility)
7	职责	zhí zé	n.	job responsibility, job duty
8	法官	fǎ guān	n.	judge
9	核心	hé xīn	adj.	core
10	司法	sī fǎ	adj.	judicial
11	程序	chéng xù	n.	program
12	依法	yī fǎ	adv.	according to law, law–based
13	判决	pàn jué	n.	judgment
14	检察官	jiǎn chá guān	n.	prosecutor
15	公诉	gōng sù	n.	public prosecution

续表

序号	生词	拼音	词性	英文释义
16	机关	jī guān	n.	office, department
17	涉嫌	shè xián	v.	be suspected of
18	犯罪	fàn zuì	v./n.	crime; commit a crime
19	被告	bèi gào	n.	defendant
20	起诉	qǐ sù	v.	prosecute
21	搜集	sōu jí	v.	collect
22	原告	yuán gào	n.	plaintiff
23	一方	yì fāng	pron.	a side, a party
24	诉求	sù qiú	n.	appeal, demand
25	回应	huí yìng	v.	response
26	辩护	biàn hù	v.	defend
27	代理人	dài lǐ rén	n.	agent
28	书记员	shū jì yuán	n.	secretary (of court)
29	笔录	bǐ lù	n.	transcript
30	维持	wéi chí	v.	maintain
31	秩序	zhì xù	n.	order
32	当事人	dāng shì rén	n.	party (to a lawsuit)
33	人身	rén shēn	n.	human body

【法律小知识 Legal insights 】

刑事案件是指犯罪嫌疑人或者被告被控涉嫌侵犯了"刑法"所保护的社会关系，国家为了追究犯罪嫌疑人或者被告的刑事责任而进行立案侦查、审判并给予刑事制裁（如有期徒刑、死刑、剥夺政治权利等）的案件。民事案件是平等主体的公民之间、法人之间、其他组织之间，以及他们之间的纠纷，主要指有关财产权益方面的案件，也包括婚姻、家庭等人身方面的案件，比如合同纠纷、离婚纠纷、财产继承纠纷、侵权纠纷等。

民事案件一般遵循不告不理的原则，即当事人不主动向国家司法机关请求，国家司法机关一般不介入干预当事人之间的纠纷。而刑事案件一般都有国家刑事司法机关主动介入，受害人或者群众报案、举报后，公安、检察机关就会介入侦查，然后由检察院代表国家对被告提起公诉，最后由法院作为裁判者进行公正的审判，从而达到制裁犯罪人和保护人民的目的。

A criminal case refers to a case in which a suspect or defendant is accused of violating the social relations protected by the criminal law, and the state files a case for investigation, trial, and criminal sanctions (such as fixed-term imprisonment, death penalty, deprivation of political rights, etc.) in order to investigate the criminal responsibility of the suspect or defendant. Civil cases involve disputes among equal entities, including disputes between citizens, legal persons, other organizations, and their interactions. These cases primarily pertain to property rights and interests and also encompass personal matters such as marriage and family issues. Examples include contract disputes, divorce disputes, property inheritance disputes, and tort disputes.

Civil cases generally follow the principle of "no prosecution, no response", that is, the parties do not actively request the state judicial organs, and the state judicial organs generally do not intervene in disputes between the parties. Criminal cases are generally actively intervened by national criminal justice organs. After the victim or the public reports the case, the public security and procuratorate will intervene in the investigation. Then, the procuratorate will represent the state to initiate a public prosecution against the defendant, and the court will act as the judge of the law to conduct a fair trial in order to achieve the goal of punishing criminals and protecting the people.

【综合练习 Integrated exercises 】

一、读一读。Read the followings.

审理	审理民事案件（Try civil cases）
	审理刑事案件（Try criminal cases）
纠纷	夫妻纠纷（Spousal disputes）
	邻里纠纷（Neighborhood disputes）
	校园纠纷（Campus disputes）
	宿舍内室友之间的纠纷（Disputes between roommates in the dormitory）
核心	核心课程（Core curriculum）
	语言核心能力（Language core competence）
	核心价值观（Core values）
依法	依法治国（Law-based governance）
	依法执教（Law-based teaching）
机关	司法机关（Judiciary department）
	立法机关（Legislature department）
	行政机关（Administration department）
	教育机关（Education department）
维护	维护教学设备（Maintain teaching equipment）
	维护尊严（Maintain dignity）
	维护公平（Maintain fairness）

续表

维持	维持秩序（Keep order）
	维持课堂纪律（Keep classroom discipline）
	维持身体健康（Keep physical health）
	维持初级法院的判决（Keep the judgment of the inferior court）
秩序	法庭秩序（Court order）
	课堂秩序（Classroom order）
	校园秩序（Campus order）
	交通秩序（Traffic order）
人身	人身伤害（Personal injury）
	人身自由（Personal freedom）

二、选词填空。Fill in the blanks with the most proper words from new words.

> 犯罪　　核心　　纠纷　　程序　　案件
>
> 法官　　依法　　判决　　职责　　搜集
>
> 维持　　原告　　维护

1. 为了_____身体健康，我坚持每天运动，运动完再吃一个苹果。

2. 中华人民共和国坚持_____治国，通过立法、司法等方面规范行政行为。

3.在奖学金评选过程中，学院应严格遵守评选_____，按照规定完成工作。

4.小张大学毕业之后，选择进入法院工作，成了一名_____，负责审理案件。

5.在中国，酒后驾车已经进入了刑法，血液中酒精含量超过80mg/100mL就达到了醉酒驾驶的标准，属于_____行为，将被提起刑事诉讼。

6.第1课的_____内容就是了解法庭上的各种角色和他们的作用。

7.在经过两年的长时间审理后，法官做出了公正的_____。

8.认真上好每一节课是每一名教师的_____。

9.我们正在_____相关资料，为下周的课堂展示做准备。

三、根据课文内容解释下面词语。Make explanation to words below based on the content of the text.

原告：_____。

被告：_____。

代理人：_____。

审判长：_____。

书记员：_____。

四、介绍一下你们国家的法庭，并对比一下与中国的法庭的异同（可以从法庭中的人、法庭装修布置和审理特色流程分析）。Introduce the courts in your country and compare their similarities and differences with those in China, which can be analyzed from the people in the court, the decoration and layout of the court, and the unique trial process.

拓展阅读（Further reading）

法庭审理民事案件的流程

（一）由书记员查明当事人和其他诉讼参与人员是否到庭，并宣布法庭纪律。

（二）由审判长或独任审判员宣布开庭，核对当事人，宣布案由，宣布审判人员、书记员名单，告知当事人有关的诉讼权利和义务，询问当事人是否提出回避申请。

（三）进行法庭调查。法庭调查按照下列顺序进行。

1.原告陈述：法官会让原告陈述诉讼请求及所依据的事实和理由。

2.被告答辩：针对原告的诉讼请求发表意见，并陈述理由。

3.原告举证：原告出示证据，用以证明其主张的事实。

4.被告质证：针对原告提供的证据发表质证意见。所谓质证，就是对证据的真实性、合法性、关联性等发表意见。

5.被告举证：被告出示证据，用以证明其主张的事实。

6.原告质证：针对被告提供的证据发表质证意见。

7.法官询问：如果法官认为还有事实需要查明，法官会向当事人提出问题，当事人需要对法官提出的问题进行问答。

（四）进行法庭辩论。法庭辩论按照下列顺序进行：

1.原告及其诉讼代理人发言。

2.被告及其诉讼代理人答辩。

3.互相辩论。

4.最终陈述：原告、被告按照先后顺序发表最后意见。

（五）评议和宣判。最终陈述结束后，审判人员进入评议室评议，做出判决。

【生词 New words】

序号	生词	拼音	词性	英文释义
1	流程	liú chéng	n.	flow, process
2	查明	chá míng	v.	find out, ascertain
3	诉讼	sù sòng	n.	lawsuit, litigation
4	是否	shì fǒu	adv.	whether or not
5	开庭	kāi tíng	v.	open a court session
6	核对	hé duì	v.	check, verify
7	案由	àn yóu	n.	cause of accusation
8	告知	gào zhī	v.	inform
9	权利	quán lì	n.	right
10	义务	yì wù	n.	obligation
11	询问	xún wèn	v.	inquiry
12	回避	huí bì	v.	withdrawal
13	下列	xià liè	adj.	following
14	陈述	chén shù	v.	state, declare
15	依据	yī jù	prep.	based on
16	答辩	dá biàn	v.	defend
17	举证	jǔ zhèng	v.	provide evidence
18	出示	chū shì	v.	present, show

续表

序号	生词	拼音	词性	英文释义
19	用来	yòng lái	prep.	be used for
20	质证	zhì zhèng	v.	question the witness
21	关联	guān lián	v.	correlate
22	及	jí	conj.	and
23	最终	zuì zhōng	adj.	final
24	先后	xiān hòu	adv.	successively
25	评议	píng yì	v.	review, discuss
26	宣判	xuān pàn	v.	sentence

第2课

宪法日

你知道什么是宪法日吗?

【导读 Warm-up】

宪法是中国的根本法，具有最高的法律效力。设立国家宪法日，是一个重要的举措，传递的是依宪治国、依宪执政的理念。这不仅是增加一个纪念日，而且要使这一天成为全民的宪法"教育日、普及日、深化日"，形成举国上下尊重宪法、宪法至上、用宪法维护人民权益的社会氛围。

【课文 Text】

为了增强全社会的宪法意识，弘扬宪法精神，加强宪法实施力度，全面推进依法治国，2014年11月1日，第十二届全国人民代表大会常务委员会第十一次会议决定：将12月4日设立为国家宪法日。国家通过多种形式开展宪法宣传教育活动。

下面是某高校在国家宪法日的活动。

12 月 4 日，某大学迎来第十个国家宪法日，并举办了宪法晨读活动。活动中，师生代表手持宪法，庄严肃立。活动旨在加深学生对宪法的了解与学习，弘扬宪法精神。与晨读活动同时举行的是"治行中国"社会实践团队的出征仪式，意在通过实践活动传递宪法精神。

早晨 7 时 15 分，国旗在《义勇军进行曲》中升起，全体师生齐唱国歌。活动中，一位青年教师代表发言，强调了维护宪法权威与尊严的重要性，鼓励青年学子深入学习宪法知识，积极践行宪法精神。

在寒冷的冬日，师生的宪法学习热情依然高涨。参与者面向国旗，一字一句地朗诵宪法条文，声音坚定、有力。在学校校训的指引下，学生们坚持法治信仰，立志为法治中国建设贡献青春力量。

此外，"治行中国"社会实践大思政课团队的出征仪式也在此时举行。自 2023 年 7 月以来，该课程的建设旨在帮助青年树立正确的理想，实现知行合一，发挥智慧和才干，培育公共情怀。

一位实践团队代表发言表示，团队将努力弘扬良善风尚，传递法治信仰，贡献青年力量，全面依法治国，弘扬宪法精神，学法、用法、护法，是一个长期的过程。

【生词 New words】

序号	生词	拼音	词性	英文释义
1	宪法	xiàn fǎ	n.	Constitution
2	弘扬	hóng yáng	v.	promote, enhance
3	实施	shí shī	v.	implement
4	依法治国	yī fǎ zhì guó	phrase	rule by law
5	全国人民代表大会	quán guó rén mín dài biǎo dà huì	n.	National People's Congress
6	宣传	xuān chuán	v.	publicize, propagate
7	社会实践	shè huì shí jiàn	phrase	social practice
8	出征	chū zhēng	v.	set out (on a campaign)
9	义勇军进行曲	yì yǒng jūn jìn xíng qǔ	n.	March of the Volunteers
10	维护	wéi hù	v.	maintain, safeguard
11	权威	quán wēi	n.	authority
12	尊严	zūn yán	n.	dignity
13	法治	fǎ zhì	n.	rule by law
14	校训	xiào xùn	n.	school motto
15	知行合一	zhī xíng hé yī	phrase	integration of knowledge and action

续表

序号	生词	拼音	词性	英文释义
16	智慧	zhì huì	n.	wisdom
17	才干	cái gàn	n.	talent, capability
18	公共情怀	gōng gòng qíng huái	phrase	public spirit, social conscience
19	治理	zhì lǐ	v.	govern, manage
20	良善风尚	liáng shàn fēng shàng	phrase	good customs

【法律小知识 Legal insights】

宪法在国家法律体系中具有最高的法律地位和法律效力。设立国家宪法日，也是让宪法思维内化于所有公民心中。权力属于人民，权力服从宪法。公职人员只有为人民服务的义务，没有凌驾于人民之上的特权。一切违反宪法和法律的行为都必须予以追究和纠正。

宪法日开展的主要活动包括：

（1）向中小学生、社区居民宣讲宪法知识；

（2）组织公务人员向宪法宣誓；

（3）开展报告会、座谈会；

（4）举办宪法知识竞赛；

（5）开展宪法征文活动；

（6）通报违宪违法案件；

（7）依托电视台和网站，组织开展与宪法相关的文艺活动。通过开展形式多样的宣传活动，让宪法权威深入人心，增强公民的宪法意识。

The Constitution holds the highest legal status and effectiveness within the national legal system. The establishment of "National Day of the Constitution" also internalizes the Constitution in the hearts of all citizens. Power belongs to the people and is subject to the Constitutional Law. Public officials have only the duty to serve the people, without any privileges above the people. Any actions that violate the Constitution and other laws must be pursued and rectified.

The main activities carried out on "National Day of the Constitutional Law" include:

（1）Imparting the Constitutional Law's knowledge to primary and secondary school students and community residents;

（2）Organizing public officials to swear oaths to the Constitutional Law;

（3）Holding report meetings and <u>symposiums</u>;

（4）Organizing the Constitutional Law's knowledge <u>contests</u>;

（5）Conducting essay writing activities on the Constitutional Law;

（6）Reporting <u>cases</u> of the Constitutional Law and legal violations;

（7）Leveraging television stations and websites to organize and conduct cultural activities related to the Constitutional Law. Through diverse promotional activities, the authority of the Constitutional Law is deeply ingrained in people's hearts, enhancing citizens' awareness.

【综合练习 Integrated exercises】

一、读一读。Read the followings.

弘扬	弘扬文化（Promote culture）
	弘扬传统（Promote tradition）
	弘扬正能量（Promote positive energy）
实施	实施计划（Implement plan）
	实施方案（Implement scheme）

续表

宣传	宣传活动（Promotional activities）	
	宣传材料（Promotional materials）	
	宣传效果（Promotional effect）	
法治	法治思想（Thought of Rule of Law）	
	法治环境（Legal environment）	
	法治原则（Principle of the Rule of Law）	
治理	治理环境（Manage environment）	
	治理污染（Manage pollution）	
	治理腐败（Manage corruption）	

二、选词填空。Fill in the blanks with the most proper words from new words.

> 宪法　　　　弘扬　　实施　　　依法治国
>
> 全国人民代表大会　　　宣传　　社会实践
>
> 维护　　　　权威　　尊严　　　法治
>
> 智慧　　　　才干　　治理

1.中国的最高立法机构是_____。

2.为了提高公民的法律意识，国家不断通过各种渠道
_____宪法知识。

3.在处理环境问题时，政府需要有效地_____污染，保护自然资源。

4.我们应该_____我们的历史和文化，同时在现代社会中发扬光大。

5."_____"是指一个国家依据法律治理国家和解决社会问题。

6.我们应当尊重和遵守法律的_____，以确保公平、正义和社会的和谐发展。

7.通过_____，学生们可以更好地理解理论知识，并将其应用于实际问题。

8.政府决定_____新的经济发展计划，以促进就业和提升国家的整体竞争力。

9.每个公民都应该维护自己的_____，同时尊重他人的尊严。

三、根据课文内容进行回答。Answer based on the content of the text.

1.单项选择

国家宪法日的设立传递了什么样的理念？（　　）

A.依宪治国、依宪执政

B.权力属于人民

C.公职人员服务人民

D.加强宪法实施

2.判断对错

2018年12月4日是第五个国家宪法日，并且是第一个宪法宣传周。（正确／错误）

四、思考题。Thought question.

国家宪法日对于提高全社会宪法意识的重要性。

拓展阅读（Further reading）

新中国宪法史上的重要里程碑

1982年宪法，是一部让人感觉面貌一新的宪法。

值得一提的是，这次修宪把"公民的基本权利和义务"一章置于"国家机构"一章之前，意在表明国家权力来源于人民的委托和授予。

中国人民大学法学院院长韩大元认为，篇章结构的调整体现了对人文精神的追求，凸显了宪法尊重和保障人权的核心价值，反映了国家的一切权力属于人民的宪法原则。

在宪法内容上，明确了国家的根本任务，确认了四项基本原则；增加了"民主集中制"的具体内容；恢复了1954年宪法关于公民在法律面前一律平等的规定；发展了人民代表大会制度、民族区域自治制度和司法制度，增加了基层自治制度的规定；规定了国家领导人的任期制度，废止职务终身制也是1982年宪法的重要贡献之一。

在建设物质文明的同时，努力建设高度的社会主义精神文明，是我国人民建设社会主义的一项根本任务。这次修改宪法充实了我国有关社会主义精神文明建设的条款。如，1982年宪法规定：国家通过普及理想教育、道德教育、文化教育、纪律和法制教育，通过在城乡不同范围的群众中制定和执行各种守则、公约，加强社会主义精神文明的建设。国家提倡爱祖国、爱人民、爱劳动、爱科学、爱社会主义的公德……这就是要努力使越来越多的公民成为有理想、有道德、有文化、守纪律的公民，从而树立起新的社会道德风尚。

1982年宪法还强化了全国人大常委会的职能。将原来属于全国人大的一部分职权交由它的常委会行使。如，规定全国人大常委会行使立法权，有权制定法律，并在全国人大闭会期间，对全国人大制定的基本法律进行修改或者补充。

1982年宪法颁布实施后，在国家政治、经济、文化和社会生活中发挥着极其重要的作用。实践证明，1982年宪法是一部符合中国国情，具有中国特色，适应新的历史时期社会主义现代化建设需要的宪法。

随着改革开放和社会主义现代化建设事业的不断深入，现行宪法又经历了四次修正，对个别条款进行了修改。

2014年11月1日，在新中国宪法史上是一个值得纪念的日子。这一天，十二届全国人大常委会第十一次会议通过了关于设立国家宪法日的决定。

（节选自人民网http://npc.people.com.cn/n/2014/1203/c14576-26138885.html）

【生词 New words】

序号	生词	拼音	词性	英文释义
1	里程碑	lǐ chéng bēi	n.	milestone
2	面貌	miàn mào	n.	appearance, face
3	篇章	piān zhāng	n.	text, article
4	调整	tiáo zhěng	v.	adjust, regulate
5	人文精神	rén wén jīng shén	phrase	humanistic spirit
6	凸显	tū xiǎn	v.	highlight, emphasize
7	核心	hé xīn	adj.	core
8	增加	zēng jiā	v.	increase, add

续表

序号	生词	拼音	词性	英文释义
9	民主集中制	mín zhǔ jí zhōng zhì	n.	democratic centralism
10	恢复	huī fù	v.	restore, reinstate
11	任期制度	rèn qī zhì dù	phrase	tenure system
12	废止	fèi zhǐ	v.	abolish, annul
13	物质文明	wù zhì wén míng	phrase	material civilization
14	精神文明	jīng shén wén míng	phrase	spiritual civilization
15	条款	tiáo kuǎn	n.	clause, provision
16	群众	qún zhòng	n.	masses, people
17	公德	gōng dé	n.	public morality
18	风尚	fēng shàng	n.	fashion, trend
19	职能	zhí néng	n.	function, capability
20	闭会	bì huì	v.	adjourn, close a meeting
21	国情	guó qíng	n.	national conditions
22	符合	fú hé	v.	conform, match
23	改革开放	gǎi gé kāi fàng	phrase	reform and opening-up
24	修正	xiū zhèng	v.	amend, revise
25	个别	gè bié	adj.	individual, specific
26	条文	tiáo wén	n.	article

第3课
婚姻纠纷

离婚时财产应该如何分割？

【导读 Warm-up】

一段美满的婚姻令人向往，但不是每一段婚姻都能走到幸福的终点。离婚，经常和夫妻之间的争吵、打架、矛盾相关，而离婚的原因各不相同。那么，如果离婚过程中产生了纠纷应该怎么解决？本课的案例就讲述了一个从夫妻变成"敌人"的故事。

【课文 Text】

原告李某与被告陈某本来是一对夫妻，婚后生育一女。由于二人婚前缺乏充分了解，婚后经常因为小事发生争吵。被告不管家庭和孩子，完全未尽到父亲的责任。2017年，被告失联，原告曾多次寻找但都以失败告终。2018年底，被告向齐河县人民法院起诉离婚，2020年被告再次向齐河县人民法院起诉离婚，诉讼程序结束后被告再次失联。后来原告偶然得知，被告长期与一名异性——王某某，保持不正当男女关系。被告的行为，对原告造成了极大伤害，双方的夫妻感情也已彻底破裂。

2021年，原告李某向山东省齐河县人民法院起诉，请求法院判令：一、准予原告与被告离婚；二、婚生女由原告抚养，被告依法支付抚养费；三、被告向原告支付经济补偿金30000元、损害赔偿金20000元，共计50000元；四、诉讼费用由被告负担。

在庭审中，被告认可与王某某谈恋爱这一事实。

法院认为，被告曾两次提起离婚诉讼，本案调解过程中，原告、被告亦均未表达和好意愿，足以认定双方夫妻感情确已破裂，故原告离婚诉求应该准予支持。关于子女抚养问题，女儿陈某某一直跟随原告生活，已形成稳定的生活环境，所以陈某某可继续跟随原告生活，并由被告支付抚养费。婚姻关系存续期间，被告长年在外工作，2017年后主动与妻女失联，其未能证实该期间内履行了抚养子女等家庭义务，而原告独自抚养子女，应认定在婚姻家庭中付出较多义务。故原告主张的离婚经济补偿应予支持。

齐河县人民法院判决：一、准予原告与被告离婚；二、陈某某由原告抚养生活，被告自2021年5月1日起至陈某某18周岁，每月支付抚养费1100元；三、被告于本判决生效后7日内支付原告经济补偿金30000元、损害赔偿金10000元，共计40000元。

【生词 New words 】

序号	生词	拼音	词性	英文释义
1	婚姻	hūn yīn	n.	marriage
2	缺乏	quē fá	v.	lack
3	失联	shī lián	v.	missing, disappear
4	异性	yì xìng	n.	opposite sex
5	正当	zhèng dàng	adj.	proper
6	破裂	pò liè	v.	break down (relationship)
7	判令	pàn lìng	v.	decree
8	准予	zhǔn yǔ	v.	grant
9	抚养	fǔ yǎng	v.	raise
10	补偿	bǔ cháng	v.	repair
11	损害	sǔn hài	v.	damage
12	赔偿	péi cháng	v.	compensate, indemnify
13	共计	gòng jì	v.	total
14	亦	yì	adv.	also
15	均	jūn	adv.	both, all
16	和好	hé hǎo	v.	make up (relationship)

续表

序号	生词	拼音	词性	英文释义
17	意愿	yì yuàn	n.	willness
18	跟随	gēn suí	v.	follow
19	履行	lǚ xíng	v.	fulfil
20	生效	shēng xiào	v.	take effect

【法律小知识 Legal insights】

夫妻在婚姻关系存续期间所得的下列财产，为夫妻的<u>共同财产</u>，归夫妻共同所有：（1）工资、奖金、劳务报酬；（2）生产、经营、投资的收益；（3）知识产权的收益；（4）继承或者受赠的财产，但是遗嘱或者赠予合同中确定只归一方的财产除外；（5）一方以个人财产投资取得的收益；（6）男女双方实际取得或者应当取得的住房补贴、住房公积金；（7）男女双方实际取得或者应当取得的基本养老金、破产安置补偿费。

下列财产为夫妻一方的<u>个人财产</u>：（1）一方的婚前财产；（2）一方因受到人身损害获得的赔偿或者补偿；（3）遗嘱或者赠予合同中确定只归一方的财产；（4）一方专用的生活用品。

注意，若双方对婚姻关系存续期间所得的财产，以及婚前财产的所有权归属做书面约定的，依约定。

The following property acquired by the husband and wife during the existence of the marital relationship shall be the joint property of the husband and wife and shall be jointly owned by the husband and wife: 1）Salary，bonus and remuneration; 2）Income from production，management and investment; 3）Income from intellectual property rights; 4）Inherited or bequeathed property, except for property determined in the will or bequeathing contract to belong to only one of the spouses; 5）The income obtained by one of the spouses from the investment of personal property; 6）Housing subsidies and housing funds actually obtained or should be obtained by both; 7）The basic pension and bankruptcy resettlement compensation actually obtained or should be obtained by both.

The following property is the personal property of one of the spouses: 1）The pre-marital property of one of the spouses; 2）Compensation or repair obtained by one of the spouses due to personal injury; 3）The property that is determined to belong to only one of the spouses in the will or gift contract; 4）Daily necessities only for one of the spouses.

Note that if the spouses make a written agreement on the ownership of the property acquired during the marriage and the pre-marital property, the agreement shall prevail.

【综合练习 Integrated exercises 】

一、读一读。Read the followings.

缺乏	缺乏证据（Lack of evidence）	
	缺乏法律规定（Lack of provisions）	
	缺乏法律知识（Lack of legal knowledge）	
失联	飞机失联（Aircraft loss of contact）	
	失联游客（Lost tourists）	
正当	正当理由（Legitimate reasons）	
	正当防卫（Justifiable defense）	
	不正当关系（Illegitimate relation）	
	不正当竞争（Unfair competition）	
破裂	婚姻关系破裂（Marital breakdown）	
	夫妻感情破裂（Husband and wife relationship breakdown）	
准予	准予离婚（Grant for divorce）	
	准予认定死亡（Grant for death determination）	
	准予强制执行（Grant for enforcement）	
抚养	抚养子女（Raising children）	
	抚养权（Custody）	
	抚养义务（Parental obligation）	
	抚养费（Alimony）	

续表

损害	人身损害（Damage to person）
	物质损害（Material damage）
	精神损害（Mental impairment）
赔偿	损害赔偿（Compensation for damages）
	精神损害赔偿金（Compensation for mental damages）
意愿	学习意愿（Learning willingness）
	尊重个人意愿（Respect individual willingness）
	代理人意愿（Agent's willingness）
履行	履行义务（Fulfill obligations）
	履行职责（Fulfill responsibilities）
	履行合同（Fulfill the contract）
生效	判决生效（Judgment takes effect）
	协议生效（Agreement takes effect）
	生效日期（Effective date）

二、选词填空。Fill in the blanks with the most proper words from new words.

离婚	意愿	抚养	损害	亦
跟随	准予	破裂	赔偿	均
婚姻	缺乏	异性	补偿	

1.蔬菜水果富含多种营养元素，对人体健康十分重要。长期食用不足会导致维生素_____，影响身体健康。

2.虽然我有多名_____朋友，但是没有一个愿意做我的恋人。

3.经过思考，王某和李某结束了八年的婚姻长跑，选择＿＿＿＿＿。

4.原告在法庭上提出的观点没有得到被告的认可，＿＿＿＿＿＿未提供有效的证据证明自己的观点，本庭不认可原告提出的观点。

5.原告和被告＿＿＿＿＿表示不服法院判决，提出上诉。

6.如果故意破坏学校公共物品，如宿舍的床、教室桌椅等，应按照价格＿＿＿＿＿。

7.在两岁时，他的父母去世了。自此之后，他由叔叔＿＿＿＿＿长大，因此对他来说，叔叔就是他最重要的家人。

8.小张完全不考虑父母的＿＿＿＿＿＿，将父母全部的钱都用于股票投资。

9.当事人交纳诉讼费用有困难的，可以向人民法院申请，法院可＿＿＿＿＿缓交、减交或者免交诉讼费用。

三、根据课文内容进行回答。Answer based on the content of the text.

1.下列事件发生的时间分别是什么？

（1）（＿＿＿＿＿年）陈某失联。

（2）（＿＿＿＿＿年）陈某向齐河县人民法院起诉离婚。

（3）（_____年）陈某再次向齐河县人民法院起诉离婚。

（4）（_____年）李某向山东省齐河县人民法院起诉。

2.法院判决：一、_____原告与被告_____；二、_____由_____抚养，被告自2021年5月1日起至_____周岁，每月支付抚养费_____元；三、被告于本判决生效后七日内支付原告经济补偿金_____元、损害赔偿金_____元，共计_____元。

3.法院做出如上判决的理由是什么？

四、除了课文中涉及的情况，你认为在其他何种情况下，法院会在离婚判决中判令过错方赔偿？Besides the situations mentioned in the text, in what other circumstances do you think a court might order the at-fault party to pay compensation in a divorce judgment?

五、从你的人生经历或所见所闻出发，你认为婚前应该如何加强夫妻双方的了解？Based on your life experiences or observations, how do you think couples should enhance their understanding of each other before marriage?

拓展阅读（Further reading）

《中华人民共和国民法典》中涉及婚姻纠纷的条款

第一千零四十三条　家庭应当树立优良家风，弘扬家庭美德，重视家庭文明建设。夫妻应当互相忠实，互相尊重，互相关爱；家庭成员应当敬老爱幼，互相帮助，维护平等、和睦、文明的婚姻家庭关系。

第一千零八十八条　夫妻一方因抚育子女、照料老年人、协助另一方工作等负担较多义务的，离婚时有权向另一方请求补偿，另一方应当给予补偿。具体办法由双方协议；协议不成的，由人民法院判决。

第一千零九十一条　有下列情形之一，导致离婚的，无过错方有权请求损害赔偿：

（一）重婚；

（二）与他人同居；

（三）实施家庭暴力；

（四）虐待、遗弃家庭成员；

（五）有其他重大过错。

第一千零九十二条　夫妻一方隐藏、转移、变卖、毁损、挥霍夫妻共同财产，或者伪造夫妻共同债务企图侵占另一方财产的，在离婚分割夫妻共同财产时，对该方可以少分或者不分。离婚后，另一方发现有上述行为的，可以向人民法院提起诉讼，请求再次分割夫妻共同财产。

【生词 New words】

序号	生词	拼音	词性	英文释义
1	民法典	mín fǎ diǎn	n.	Civil Code
2	涉及	shè jí	v.	involve
3	树立	shù lì	v.	establish
4	家风	jiā fēng	n.	family tradition
5	美德	měi dé	n.	virtue
6	忠实	zhōng shí	adj.	faithful
7	关爱	guān ài	v.	care
8	敬老爱幼	jìng lǎo ài yòu	phrase	respect the aged and cherish the young
9	和睦	hé mù	adj.	harmony
10	抚育	fǔ yù	v.	nurture
11	照料	zhào liào	v.	take care of
12	协助	xié zhù	v.	assist

续表

序号	生词	拼音	词性	英文释义
13	另	lìng	adj.	another
14	有权	yǒu quán	v.	authorize, have the right to
15	协议	xié yì	n.	protocol
16	不成	bù chéng	phrase	not success
17	情形	qíng xíng	n.	case, condition
18	重婚	chóng hūn	n.	bigamy
19	虐待	nüè dài	n./v.	abuse, abusement
20	遗弃	yí qì	v.	abandon
21	过错	guò cuò	n.	fault
22	隐藏	yǐn cáng	v.	hide
23	变卖	biàn mài	v.	sell
24	毁损	huǐ sǔn	v.	damage
25	挥霍	huī huò	v.	squander
26	伪造	wěi zào	v.	forge
27	债务	zhài wù	n.	debt
28	企图	qǐ tú	v.	attempt
29	侵占	qīn zhàn	v.	encroach
30	分割	fēn gē	v.	divide, distribute
31	上述	shàng shù	adj.	above-mentioned
32	再次	zài cì	adv.	again

第4课

居留权

从"暂住证"到"居住证"

【导读 Warm-up】

随着中国社会的快速发展和城市化进程的加速，流动人口的数量不断增加，对城市管理和公共服务的需求也日益增加。在这个背景下，"居住证"制度的变迁成了一个备受关注的话题。从"暂住证"到"居住证"，不仅是一种证件名称的变化，更是一种社会治理理念的转变。

【课文 Text】

改革开放初期，为了加强对流动人口的管理，"暂住证"制度应运而生。这一制度在当时对于流动人口的管理起到了一定的作用。但是随着社会的发展，这一制度逐渐暴露出其局限性。首先，"暂住证"制度没有赋予流动人口与当地居民同等的权益。流动人口在城市生活中面临着诸多不便，如子女教育、医疗保障、社保等方面的权益缺失。此外，"暂住证"制度的执行也存在一些问题，如证件办理流程烦琐、证件过期失效难以重新办理、证件信息不准确等。这些问题给流动人口带来了很大困扰，也给城市管理带来了很大挑战。

2016年1月1日，政府开始实行"居住证"制度。相比之下，"居住证"制度更加注重对流动人口的权益保障和服务提供。作为一种长期的、可续期的证件，"居住证"赋予持有者在城市内更多的权益，如子女教育、医疗保障、社保等。这一转变不仅体现了政府对流动人口权益的关注和保护，也有助于提高流动人口的获得感和幸福感，推动城市的可持续发展。

"居住证"制度的优势在于以下几个方面。第一，"居住证"制度能够更好地保障流动人口的权益和服务需求。第二，"居住证"制度能够提高城市管理的效率和质量。通过证件的信息化管理和服务的一体化提供，"居住证"制度可以更好地整合城市管理和服务资源，提高管理效率和服务质量。第三，"居住证"制度的推出有助于促进社会的和谐稳定。

【生词 New words】

序号	生词	拼音	词性	英文释义
1	改革开放	gǎi gé kāi fàng	phrase	reform and opening-up
2	流动人口	liú dòng rén kǒu	n.	floating population
3	暂住证	zàn zhù zhèng	n.	temporary residence permit
4	局限性	jú xiàn xìng	n.	limitations
5	赋予	fù yǔ	v.	grant, endow
6	同等	tóng děng	adj.	equal
7	权益	quán yì	n.	rights and interests
8	医疗保障	yī liáo bǎo zhàng	phrase	medical security
9	社保	shè bǎo	n.	social security
10	办理	bàn lǐ	v.	handle, process
11	烦琐	fán suǒ	adj.	complicated, cumbersome
12	失效	shī xiào	v.	expire, become invalid
13	居住证	jū zhù zhèng	n.	residence permit
14	可续期	kě xù qī	phrase	renewable
15	获得感	huò dé gǎn	n.	sense of gain
16	幸福感	xìng fú gǎn	n.	sense of happiness

续表

序号	生词	拼音	词性	英文释义
17	可持续发展	kě chí xù fā zhǎn	phrase	sustainable development
18	整合	zhěng hé	v.	integrate
19	一体化	yī tǐ huà	adj.	integrated
20	和谐稳定	hé xié wěn dìng	phrase	harmonious and stable

【法律小知识 Legal insights】

2015年10月21日国务院第109次常务会议通过《居住证暂行条例》，自2016年1月1日起施行。此条例提出取消"暂住证"制度，全面实施"居住证"制度。"居住证"持有人享有与当地户籍人口同等的劳动就业、基本公共教育、基本医疗卫生服务、计划生育服务、公共文化服务、证照办理服务等权利。

On October 21, 2015, the State Council's 109th Executive Meeting passed the Interim Regulations on Residence Permits, which came into effect on January 1, 2016. These regulations propose the abolition of the temporary residence permit system and the full implementation of the residence permit system. Holders of residence permits enjoy the same rights as local registered residents in terms of labor and employment, basic public education, basic medical and health services, family planning services, public cultural services, and <u>document handling</u> services.

【综合练习 Integrated exercises】

一、读一读。Read the followings.

局限性	制度局限性（Systematic limitations）
	思维局限性（Thought limitations）
赋予	赋予权益（Grant rights and interests）
	赋予权利（Grant rights）
	赋予权力（Grant power）
	赋予生命（Give life）
同等	同等权利（Equal rights）
	同等地位（Equal status）
	同等对待（Equal treatment）
权益	赋予权益（Grant rights and interests）
	保障权益（Ensure rights and interests）
	维护权益（Protect rights and interests）
	享有权益（Enjoy rights and interests）
社保	社保制度（Social Security System）
	缴纳社保（Pay social security contributions）
	社保基金（Social Security Fund）

续表

办理	办理手续（Handle procedures）
	办理证件（Handle documents）
烦琐	烦琐的手续（Cumbersome procedures）
	烦琐的工作（Cumbersome work）
失效	证件失效（Document expiration）
	权利失效（Right expiration）
整合	资源整合（Resource integration）
	信息整合（Information integration）
	业务整合（Business integration）
一体化	城乡一体化（Urban-rural integration）
	交通一体化（Transportation integration）
	服务一体化（Service integration）

二、选词填空。Fill in the blanks with the most proper words from new words.

改革开放　　局限性　　社保　　权益　　办理

流动人口　　一体化　　烦琐　　整合　　同等

医疗保障　　失效　　获得感　　赋予

1.科技的迅速发展大大地提高了人们生活的便利性，但是在数据安全和隐私保护等方面，仍存在明显的_____。

2.社保制度对于保障人民生活具有重要意义，但在实际操作中，由于各种原因，可能会出现社保_____的情况。

3.在城市化的进程中，_____的数量不断增加，给城市管理带来了新的挑战和机遇。

4._____是中国经济发展的重要里程碑，它推动了中国经济和社会的发展。

5.这项工作虽然_____，但是对于公司的发展具有重大意义，因此必须要按质按量准时完成。

6.在办理缴税业务时，复杂的手续和程序给纳税人带来了诸多不便。政府正在努力_____这些流程，提高办事效率。

7.随着城市化的加速，流动人口成了一个不可忽视的群体。政府正在积极探索如何更好地_____这一群体平等权利和福利待遇。

8.在婚姻家庭中，夫妻双方应享有_____的权利和义务。

9.中国政府实行了统一的_____制度，确保参保人在不同地区都能享受到相应的待遇。

10.简化证件_____流程是政府提高服务质量的必要步骤。

三、根据课文内容进行回答。Answer based on the content of the text.

1.中国政府从_____年_____月_____日，开始实行"居住证"制度。

2."居住证"制度的实施，主要反映了政府的什么态度？（　　　）

A.对流动人口权益的忽视

B.对流动人口权益的关注和保护

C.对城市管理的挑战

D.对流动人口的限制

3.请总结比较"暂住证"和"居住证"的差异。

四、思考题。Thought question.

请查阅相关资料，向老师和同学介绍一下你们国家对于流动人口的管理政策，并且提出你对这项政策的利弊分析以及发展建议。

拓展阅读（Further reading）

"居住证"取代"暂住证" 一字之差实现历史性跨越

王德志，18岁来北京打工。刷过碗，送过水，蹬过三轮……北漂的20多年里，他曾经无数次捏着那本薄薄的"暂住证"，蹲在街角抽烟，等待天亮。他说："在北京我永远是个异乡人。"如果"暂住证"制度没有进行改革，我们可以设想，在大城市里，有无数个像王德志一样的人会在天亮后熄灭烟头，再去蹬三轮。他们会咽下所有的委屈和妥协，走一条艰辛的漫漫长路。

所幸的是，2015年2月，中国政府发布文件，全面实行"居住证"制度，"暂住证"从此退出历史舞台。

"居住证"与"暂住证"，只有一字之差，待遇却相差甚远，拿到"居住证"就意味着和同一城市市民基本上享有一样的待遇。目前，各地正在推行的"居住证"制度，让外来人口在子女就学、计划生育、劳动保障等方面都能享受同城待遇。而且"居住证"持证人在同一居住地连续居住，并依法缴纳社会保险费满年限后，如达到当地的落户要求，还有机会申请当地的常住户口。因为有了"居住证"，"王德志们"可以撕开异乡的身份，有一个自己的家。"居住证"制度对于促进城市发展和社会和谐，打破城乡二元结构，具有积极的意义和深远的影响。

（改编自《中国教育报》2017年12月4日：《宪法的道路》）

【生词 New words】

序号	生词	拼音	词性	英文释义
1	北漂	běi piāo	n.	drift north (migrant workers in Beijing)
2	捏	niē	v.	hold tightly, pinch
3	蹲	dūn	v.	squat, crouch
4	异乡人	yì xiāng rén	n.	stranger, foreigner
5	熄灭	xī miè	v.	extinguish
6	咽	yàn	v.	swallow
7	妥协	tuǒ xié	v.	compromise
8	艰辛	jiān xīn	adj.	arduous, hard
9	全面实行	quán miàn shí xíng	phrase	fully implement
10	退出	tuì chū	v.	withdraw, exit
11	历史舞台	lì shǐ wǔ tái	phrase	historical stage

续表

序号	生词	拼音	词性	英文释义
12	拿到	ná dào	v.	obtain, get
13	推行	tuī xíng	v.	carry out, implement
14	计划生育	jì huà shēng yù	phrase	family planning
15	劳动保障	láo dòng bǎo zhàng	phrase	labor protection
16	同城	tóng chéng	adj.	same city
17	持证人	chí zhèng rén	n.	certificate holder
18	连续居住	lián xù jū zhù	phrase	continuous residence
19	缴纳	jiǎo nà	v.	pay, contribute
20	社会保险费	shè huì bǎo xiǎn fèi	n.	social insurance fee
21	落户	luò hù	v.	settle down, register for residency
22	常住户口	cháng zhù hù kǒu	phrase	permanent residence registration
23	二元结构	èr yuán jié gòu	phrase	dual structure

第5课

移民中国

中国的国际移民政策

【导读 Warm-up】

随着全球化的加速，各国之间的交流和互动越来越频繁。中国作为全球最大的发展中市场，吸引了越来越多的外国人才前来寻求机会。然而，与一些发达国家相比，中国的国际移民比例相对较低，这与其对外籍人士的政策相对保守有关。

【课文 Text】

从1999年被一家跨国公司外派到中国算起，法国人杰夫已经在中国居住了20多年。杰夫已经习惯了北京的生活和工作，孩子也很适应在北京的学习和生活。他很希望能在北京长期生活下去。可是，每年都要续办就业证和居留许可对杰夫来说，意味着要花两三周时间跑几个办事部门，对此他有些沮丧："我在中国待了这么久，缴的税不少，还不能长时间住在这里。我从事的也算高技术行业，但没有专家证。如果政府的绿卡政策再开放一点儿就好了。"

杰夫所说的绿卡是中国政府在2004年推出的永久居留许可制度，居住在中国的外国人想要拿到中国绿卡，需要同时满足一些条件，首先就是在中国连续居住的时间要超过五年，并且每年不少于9个月，同时还需要有一个固定且合法的住所，经济收入处于平稳的状态。此外，还需要满足一些纳税和居留方面的条件，这使许多国际移民望而却步。根据相关的数据显示，截至2022年8月15日，中国政府所发放绿卡的数量仅为7300张。

像杰夫一样希望长期生活在中国的外国人不在少数。中国各级政府也竞相推出各类人才引进计划，人才单向流出的格局正在改变。然而，目前中国对外国人的居留政策仍然较为保守。为了吸引更多的外国人才，中国可以考虑对外国人的长期居留等政策进行优化。

【生词 New words】

序号	生词	拼音	词性	英文释义
1	跨国	kuà guó	adj.	multinational
2	外派	wài pài	v.	dispatch, send abroad

续表

序号	生词	拼音	词性	英文释义
3	居住	jū zhù	v.	reside, live
4	适应	shì yìng	v.	adapt to
5	续办	xù bàn	v.	renew, extend
6	就业证	jiù yè zhèng	n.	employment permit
7	居留许可	jū liú xǔ kě	n.	residence permit
8	沮丧	jǔ sàng	adj.	depressed, disheartened
9	专家证	zhuān jiā zhèng	n.	expert certificate
10	绿卡	lǜ kǎ	n.	green card
11	永久	yǒng jiǔ	adj.	permanent
12	居留	jū liú	v.	reside, stay
13	固定	gù dìng	adj.	fixed
14	收入	shōu rù	n.	income
15	纳税	nà shuì	v.	pay taxes
16	移民	yí mín	n.	immigrant
17	发放	fā fàng	v.	issue, distribute
18	人才引进	rén cái yǐn jìn	phrase	talent introduction
19	单向流出	dān xiàng liú chū	phrase	unidirectional outflow
20	政策	zhèng cè	n.	policy

【法律小知识 Legal insights】

如何申请加入和恢复中国国籍?

1.申请对象

外国人或无国籍人,愿意遵守中国宪法和法律,并具有下列条件之一的,可以经申请批准加入中国国籍。

(1)中国人的近亲属;

(2)定居在中国的;

(3)有其他正当理由的。曾有过中国国籍的外国人,具有正当理由的,可以申请恢复中国国籍;被批准恢复中国国籍的,不得再保留外国国籍。

2.受理机关

在国内为当地的市、县公安局;在国外为中国外交代表机构和领事机关。

3.申请手续

(1)填写申请表。申请加入中国国籍的填写《加入中华人民共和国国籍申请书》;申请恢复中国国籍的填写《恢复中华人民共和国国籍申请表》。

(2)书面申请。申请人要求加入(或恢复)中国国籍的书面申请。

4.相应证明

申请加入或恢复中国国籍的：外国护照复印件；外国人永久居留证复印件；恢复中国国籍的，提供曾经具有过中国国籍的相关证明；加入中国国籍的，如父母双方或一方为中国公民所生的子女，须提供本人出生时即具有外国国籍的相关证明；受理机关认为与申请国籍有关的其他材料。

5.其他事项

被批准加入或恢复中国国籍后，不得再保留外国国籍。出入境手续按中国公民有关规定办理。

How to Apply for and Restore Chinese Nationality?

（1）Applicants: Foreigners or stateless persons who are willing to abide by the Constitution and laws of China and meet one of the following conditions may apply for and be approved to acquire Chinese nationality.

① Close relatives of Chinese citizens;

② Those who have settled in China;

③ Those who have other legitimate reasons. Foreigners who have once held Chinese nationality and have legitimate reasons may apply for the restoration of Chinese nationality; those who are approved for restoration of Chinese nationality

shall not retain foreign nationality.

(2) Acceptance Authority: Locally within China, it is the municipal or county public security bureaus; abroad, it is Chinese diplomatic missions and consular offices.

(3) Application Procedures:

① Fill out the application form: Those applying for Chinese nationality should complete the Application Form for Acquiring Chinese Nationality; those applying for restoration should complete the Application Form for Restoration of Chinese Nationality;

② Written application from the applicant requesting to join (or restore) Chinese nationality.

(4) Relevant Proofs:

For applying for or restoring Chinese nationality: Photocopy of foreign passport; photocopy of the foreigner's permanent residence permit; for restoration of Chinese nationality, provide proof of having once held Chinese nationality; for acquiring Chinese nationality, if born to one or both parents who are Chinese citizens, provide proof of having foreign nationality at birth; other materials deemed relevant to the nationality application by the accepting authority.

（5）Other Matters:

Those approved to acquire or restore Chinese nationality shall not retain foreign nationality. Exit and entry procedures shall be handled in accordance with regulations for Chinese citizens.

【综合练习 Integrated exercises 】

一、读一读。Read the followings.

跨国	跨国公司（Multinational company）
	跨国贸易（Transnational trade）
	跨国婚姻（International marriage）
外派	外派员工（Foreign assignees）
	外派机构（External agencies）
	外派任务（Overseas assignment）
居住	居住环境（Residential environment）
	居住权（Right to live）
适应	适应能力（Adaptability）
	适应环境（Environmental adaptation）
续办	续办手续（Procedures for continuation）
	续办服务（Renewal service）
	续办证件（Document continuation）

续表

	永久居民（Permanent residents）
永久	永久性合同（Permanent contracts）
	永久性建筑（Permanent buildings）
	增加收入（Increase income）
收入	降低收入（Decrease income）
	收入水平（Income levels）
	发放工资（Pay wages）
发放	发放福利（Distribute welfare）
	发放证书（Issue certificates）
	政策制定（Policy development）
政策	政策执行（Policy implementation）
	外交政策（Foreign policy）
	教育政策（Educational policy）

二、选词填空。Fill in the blanks with the most proper words from new words.

跨国	固定	政策	永久	移民
外派	适应	发放	纳税	居住
续办	居留	沮丧		

1.我一直梦想着能在一个美丽的海滨小镇_____，享受那里的宁静和风景。

2.每个公民都有义务按时_____。

3.驾照需要定期_____，才能保证持有人有合法驾驶资格。

4.到了新公司，他很快_____了新环境，与同事们相处融洽。

5.他被公司_____到国外工作，负责拓展海外市场。

6.他获得了_____居留证，可以在这个国家无限期地居住和工作。

7.这家公司通过_____合作，成功开拓了国际市场。

8.为了进一步提升教育质量，政府制定了一系列的新_____。

9.随着全球化的发展，越来越多的人选择_____到国外。

10.地震以后，政府已经_____了救助金，以帮助受灾群众重建家园。

三、根据课文内容进行回答。Answer based on the content of the text.

1.杰夫希望中国政府在哪个方面能够进行优化?（　　）

A.就业机会

B.社会福利政策

C.居留许可政策

D.教育政策

2.中国的国际移民比例为什么相对较低?（   ）

A.中国的吸引力不足

B.中国的移民政策过于严格

C.中国的人才流失严重

D.中国的国际交流不够频繁

3.根据文章内容，以下哪项是关于中国绿卡政策的正确描述?（   ）

A.中国绿卡政策是中国政府在2004年推出的永久居留许可制度，要求在中国连续居住5年以上，每年不少于9个月，并有稳定的经济收入和合法住所

B.中国绿卡政策的目的是吸引更多的外国人才，解决人才流失问题

C.截至2022年8月15日，中国政府已经发放了超过7300张绿卡

D.持有中国绿卡的外国人可以在中国享有与本国公民同等的权利和待遇

四、结合下列材料，查阅中国政府近几年在深化移民管理服务改革方面，采取了哪些优化措施，并谈一谈你对这些措施的看法及建议。Please based on the following materials to find out what optimization measures the Chinese government has taken in deepening the reform of immigration management services in recent years, and talk about your views and suggestions on these measures.

国家移民管理局推出新政进一步便利外籍人员来华

国家移民管理局从 1 月 11 日起正式施行便利外籍人员来华 5 项措施，进一步打通外籍人员来华经商、学习、旅游的相关堵点，更好地服务保障高水平对外开放，服务促进高质量发展。

一是放宽来华外籍人员申办口岸签证条件。对急需来华从事商贸合作、访问交流、投资创业、探望亲属及处理私人事务等非外交、公务活动的外籍人员，来不及在境外办妥签证的，可凭邀请函件等相关证明材料向口岸签证机关申办口岸签证入境。

二是外籍人员在北京首都机场等枢纽空港口岸 24 小时直接过境免办查验手续。外籍人员在北京首都、北京大兴、上海浦东、杭州萧山、厦门高崎、广州白云、深圳宝安、成都天府、西安咸阳等 9 个国际机场，推行 24 小时直接过境旅客免办边检手续。对于持 24 小时内国际联程机票，经上述任一机场过境前往第三国或地区的出入境旅客，可以免办边检手续，直接免签过境。

三是在华外籍人员可就近办理签证延期换发补发。短期来华从事商贸合作、访问交流、投资创业、探望亲属、观光旅游及处理私人事务等非外交、公务活动的外籍人员，有正当合理事由需继续在华停留的可就近就便向停留地公安机关出入境管理机构申请签证延期换发补发。

四是在华外籍人员需多次出入境可申办再入境签证。在华外籍人员因正当合理事由需多次出入境的，可凭邀请函件等相关证明材料，向公安机关出入境管理机构申请换发多次入境有效签证。

五是简化在华外籍人员签证证件申办材料。外籍人员申办签证证件时，对于通过信息共享可查询到本人住宿登记记录、企业营业执照等信息的，可免予查验相关纸质证明材料；在华外籍人员办理亲属短期探亲团聚类签证的，可以邀请人亲属关系声明替代亲属关系证明。

国家移民管理局相关负责人介绍，随着我国经济发展持续恢复回升向好，对外开放不断扩大，中外企业、人员对深化移民管理服务提出了许多新需求。国家移民管理局将主动协同有关主管部门，持续聚焦外国人来华经商、学习、旅游的卡点堵点，持续深化移民管理服务改革和政策制度创新，加快推进制度型开放，积极参与营造一流的营商环境，主动服务促进构建新发展格局。

（来自国家移民管理局 2024年1月11日）

拓展阅读（Further reading）

中国新版外国人永居证签发启用

新版中华人民共和国外国人永久居留身份证于2023年12月1日正式签发启用。因加入了体现中国国家标识的五星元素，新版中华人民共和国外国人永久居留身份证被称为"五星卡"。

据悉，当天共有50名取得在华永久居留资格的外国人领取了首批"五星卡"。这50人分别来自美国、德国、英国、法国、俄罗斯、瑞典、新加坡、韩国等20多个国家，均为在经济、教育、科技、文化、卫生等多个领域为中国经济社会发展做出突出贡献的人员，当中包括中国政府友谊奖获得者，在华长期任职工作的外籍高层次管理和专业技术人员，在重点院校、科研机构长期从事教学科研的外籍教授学者等。

中国国家移民管理局相关负责人介绍，"五星卡"是经批准在中国境内永久居留外国人的法定身份证件。持证人可在需要证明个人身份的场合将其作为个人身份凭证单独使用，无须再出示其护照。

　　该负责人表示，签发启用"五星卡"是国家移民管理局服务保障国家高水平开放，提升在华外国人管理服务信息化水平的重要举措，有利于更好地服务海外人才来华投资兴业、创新发展和工作生活，为中国经济社会高质量发展做出更多贡献。

【生词 New words】

序号	生词	拼音	词性	英文释义
1	永久居留	yǒng jiǔ jū liú	phrase	permanent residency
2	签发	qiān fā	v.	sign and issue
3	启用	qǐ yòng	v.	put into use
4	国家标识	guó jiā biāo shí	phrase	national emblem
5	贡献	gòng xiàn	n./v.	contribution, contribute
6	政府友谊奖	zhèng fǔ yǒu yì jiǎng	n.	Government Friendship Award
7	高层次	gāo céng cì	adj.	high-level
8	管理	guǎn lǐ	n./v.	management, manage

续表

序号	生词	拼音	词性	英文释义
9	专业技术	zhuān yè jì shù	phrase	professional technology
10	移民管理局	yí mín guǎn lǐ jú	n.	immigration administration bureau
11	法定	fǎ dìng	adj.	legal, statutory
12	身份证件	shēn fèn zhèng jiàn	phrase	identity document
13	服务保障	fú wù bǎo zhàng	phrase	service guarantee
14	高水平开放	gāo shuǐ píng kāi fàng	phrase	high-level opening-up
15	信息化	xìn xī huà	n.	informatization
16	海外人才	hǎi wài rén cái	n.	overseas talent
17	投资兴业	tóu zī xīng yè	phrase	invest and start businesses
18	创新发展	chuàng xīn fā zhǎn	phrase	innovative development
19	高质量发展	gāo zhì liàng fā zhǎn	phrase	high-quality development

第6课
如何预防网络诈骗

网络诈骗案例之"虚假招聘"

【导读 Warm-up】

网络诈骗是指利用网络通信技术或者网络服务实施的欺诈活动。随着互联网技术的发展，诈骗手段日益多样化，涉及范围广泛，从在线购物、虚假广告，到社交网络诈骗、钓鱼网站等，在数字化时代，网络诈骗已成为一种普遍现象，尤其对于普通人来说，这是一个必须面对的严峻问题。本课旨在为阅读者提供关于网络诈骗的基本知识、常见类型、预防措施以及应对策略。网络诈骗的危害不仅是造成经济损失，更可能对个人信用和精神健康造成长期影响。因此，作为大学生，必须学会保护自己，不给诈骗分子可乘之机。通过教育和自我提升，我们可以更好地构建一个安全的网络环境。

【课文 Text】

大学生小李在寻找暑期实习机会时，在一家看似正规的招聘网站上被一则招聘广告吸引了。该广告宣称是一家知名企业的招聘信息，提供优厚的薪酬和灵活的工作时间，对于正在寻求实习机会的大学生来说，这看起来是一个难得的机遇。

小李通过招聘广告上的联系方式与招聘方取得了联系。对方自称是该公司的HR（Human Resource），并迅速给小李安排了一次"在线面试"。面试过程中，对方对小李的背景并不感兴趣，而是更多地介绍了所谓的工作内容和高额薪资。

随后，对方告诉小李需要支付一定数额的"培训费"和"押金"，以保证其对工作的承诺，并声称这些费用在小李正式上岗后会全数返还。小李由于缺乏工作经验，加之对高薪的期待，便按照对方的要求通过电子转账的方式支付了费用。

在小李支付费用后，对方突然无法再联系，网站链接也失效了。这时，小李意识到自己可能遭遇了网络诈骗。他立即向警方报案，并联系银行尝试挽回损失，但已支付的款项难以追回。

此案例展示了网络诈骗者通常对寻找工作的大学生，通过虚假招聘广告进行诈骗。这提醒大学生在求职时必须提高警觉，对于要求预先支付费用的工作机会要保持高度怀疑，并通过多种渠道验证招聘信息的真实性。同时，这也强调了网络安全教育和意识的重要性，尤其是对年轻的网民来说。

【生词 New words】

序号	生词	拼音	词性	英文释义
1	网络诈骗	wǎng luò zhà piàn	phrase	online fraud
2	虚假	xū jiǎ	adj.	false, fake
3	招聘	zhāo pìn	v.	recruit
4	实习	shí xí	n.	internship
5	吸引人	xī yǐn rén	adj.	attractive
6	薪酬	xīn chóu	n.	salary, remuneration
7	面试	miàn shì	n.	interview
8	背景	bèi jǐng	n.	background
9	押金	yā jīn	n.	deposit
10	返还	fǎn huán	v.	return, refund
11	警方	jǐng fāng	n.	police
12	挽回	wǎn huí	v.	recover, retrieve

序号	生词	拼音	词性	英文释义
13	损失	sǔn shī	n.	loss
14	求职	qiú zhí	n.	job seeking
15	怀疑	huái yí	n.	suspicion, doubt

【法律小知识 Legal insights】

网络诈骗是一个不断发展和变化的领域，涉及多种手段和策略。它的高风险领域有网络银行和电子支付、在线招聘、婚恋和交友网站等。主要技术手段包括恶意软件，如病毒、木马、间谍软件等，用于窃取个人信息或控制个人设备；以及网络钓鱼，通过假冒合法网站或发送虚假电子邮件，诱使受害者提供敏感信息。

针对网络诈骗的防范措施包括多重认证，使用多种验证方式来加强账户安全，如短信验证码、生物识别等；以及定期更新操作系统和应用程序，以避免安全漏洞；数据加密技术，在敏感数据传输时使用加密技术等。

网络诈骗的部分常见类型包括：

（1）网络购物诈骗。在不真实的网站上购物，支付后商品不会送达。

（2）社交网络诈骗。诈骗者假冒朋友或亲人，在社交平台上请求转账。

（3）钓鱼网站。通过看似正规的网站窃取个人信息，如银行账号和密码。

（4）奖学金或助学金诈骗。假冒官方机构，诱使学生支付所谓的申请费用。

针对网络诈骗的一般预防措施：

（1）增强网络安全意识。了解各种网络诈骗手段，不轻易相信陌生的网络信息。

（2）保护个人信息。不随意透露个人身份信息，包括社交安全号码、银行账户等。

（3）谨慎处理金钱事务。在转账或进行网络交易前，确认对方身份的真实性。

（4）使用安全软件。安装防病毒软件和网络安全防护工具，定期更新系统和应用程序。

遭遇网络诈骗时的应对策略：

（1）立即中断交易。一旦发现诈骗，立即停止所有交易。

（2）保存证据。保留相关的聊天记录、交易记录、邮件等作为证据。

（3）报警并求助。及时向警方或相关网络安全机构报案。

（4）及时通知银行。若涉及银行账户，应立即联系银行采取措施。

Online fraud is an ever-evolving and changing field, involving a variety of methods and strategies. Its high-risk areas include online banking and electronic payments, online recruitment, love and dating websites, among others. The main technical methods include malicious software, such as viruses, Trojans, spyware, etc., used to steal personal information or control personal devices; and phishing, through impersonating legitimate websites or sending false emails, to lure victims into providing sensitive information.

Measures to prevent online fraud include multi-factor authentication, using various verification methods to strengthen account security, such as SMS verification codes, biometric recognition, etc.; regular updates of operating systems and applications to avoid security vulnerabilities; and data encryption technology, using encryption techniques during the transmission of sensitive data, etc.

Some common types of online fraud:

1.Online Shopping Fraud: Shopping on fake websites

where the goods never get delivered after payment.

2.Social Network Scams: Impersonators posing as friends or family members request money transfers on social platforms.

3.Phishing Websites: Stealing personal information like bank account numbers and passwords through seemingly legitimate websites.

4.Scholarship or Grant Scams: Impersonating official institutions to lure students into paying so-called application fees.

General prevention measures against online fraud:

1.Enhance Cybersecurity Awareness: Be aware of various online fraud tactics and don't easily trust unfamiliar online information.

2.Protect Personal Information: Avoid disclosing personal identity information, including social security numbers, bank accounts, etc.

3.Handle Financial Transactions Cautiously: Verify the identity of the other party before transferring money or conducting online transactions.

4.Use Security Software: Install antivirus software

and cybersecurity tools, and regularly update systems and applications.

Strategies for dealing with online fraud:

1.Immediately Stop the Transaction: Once fraud is detected, stop all transactions immediately.

2.Preserve Evidence: Keep relevant chat logs, transaction records, emails, etc., as evidence.

3.Report to the Police and Seek Help: Report to the police or relevant cybersecurity organizations in a timely manner.

4.Notify the Bank Promptly: If bank accounts are involved, contact the bank immediately to take action.

【综合练习 Integrated exercises 】

一、读一读。Read the followings.

虚假	虚假宣传（False Advertising）
	虚假信息（False Information or Misinformation）
	虚假陈述（False Statement or Misrepresentation）
损失	经济损失（Economic Loss）
	损失补偿（Compensation for Damage）
	造成损失（Inflict Damage）

续表

返还	返还押金（Return the deposit）	
	返还货物（Return the goods）	
	返还税款（Return taxes）	
	款项返还（Money refund）	
	租金返还（Rent refund）	
挽回	挽回损失（Recover losses）	
	挽回名誉（Restore reputation）	
	挽回关系（Repair the relationship）	
	挽回影响（Mitigate the impact）	
	挽回市场份额（Regain market share）	

二、选词填空。Fill in the blanks with the most proper words from new words.

网络诈骗	虚假	招聘	实习	吸引人
薪酬	面试	背景	押金	返还
挽回	损失	求职	怀疑	工作

1.由于担心网络安全问题，李先生对这封邮件表示了深切的_____。

2.王女士在一家著名公司的_____中被问及了她的教育和工作_____。

3.这家公司提供的_____非常高，使得这份工作非常_____。

4.大学生们在_____期间通常会寻找与他们专业相关的_____机会。

5.当发现房屋租赁合同中有不合理的_____要求时，他立即要求将其_____。

6.由于_____，许多人在不知情的情况下丢失了大量金钱。

7.公司正在_____新员工，希望能找到合适的人才加入我们的团队。

8.在商业竞争中，使用_____广告可能会损害公司的声誉，导致失去客户信任。

9.在顾客服务出现问题后，店家努力通过各种方式_____顾客的信任。

10.这次不幸的事故导致了巨大的财产_____，给公司带来了严重的经济压力。

三、根据课文内容进行回答。Answer based on the content of the text.

1.单项选择

小李在哪个平台上发现了虚假的招聘广告？（　　）

A.社交媒体

B.邮箱

C.招聘网站

D.朋友介绍

2.判断对错

小李进行在线面试时，对方对他的个人背景表现出极

大的兴趣。（正确/错误）

四、思考题。Thought question.

在识别网络诈骗后应该采取哪些步骤？

拓展阅读（Further reading）

常见的网络诈骗类型

近年来，公安部聚焦人民群众深恶痛绝的电信网络诈骗，全面加强"四专两合力"建设，组织全国公安机关以前所未有的力度和举措深入推进打防管控各项工作，有效遏制了案件快速上升势头，有力维护了人民群众合法权益。当前，电信网络诈骗犯罪形势依然严峻，刷单返利、虚假网络投资理财、虚假网络贷款、冒充电商物流客服、冒充公检法、虚假征信等10种常见诈骗类型发案占比近80%，其中刷单返利类诈骗发案率最高，占发案的1/3左右，虚假网络投资理财类诈骗造成损失的金额最大，占造成损失金额的1/3左右。

刷单返利类诈骗

网络刷单返利类诈骗是已逐步演化成变种最多、变化最快的一种主要诈骗类型，成为虚假投资理财、贷款等其他复合型诈骗，以及网络赌博、网络色情等其他违法犯罪的主要引流方式，被骗百万元以上的重大案件时有发生。受骗人群多为在校学生、低收入群体及无业人员。

【典型案例一】邵某在微信群内看到"免费送礼品、点赞评论返佣金"的信息及二维码，扫码联系上客服并按要求下载了一款App，随后在App内"接待员"指导下做刷单任务。完成5单小额任务后收到了对应的佣金，并可全部提现到银行卡中。邵某遂开始认购金额更大的组合任务单，投入总本金11万元。但按要求完成任务后却发现已无法提现，App内"接待员"称因邵某操作失误造成"卡单"，要再做一次复合任务才能提现，邵某此时才发现被骗。

虚假网络投资理财类诈骗

此类案件中，有的诈骗分子通过多种方式将受害人拉入所谓"投资"群聊，然后冒充投资导师、金融理财顾问，以发送投资成功假消息或"直播课"骗取受害人信任；有的通过婚恋交友平台与受害人确定婚恋关系，再以有特殊资源、平台有漏洞等可获得高额理财回报的理由，骗取受害人信任。随后，诈骗分子诱导受害人在虚假投资平台开设账户进行投资，并对受害人前期小额投资试水予以返利，受害人一旦加大资金投入，就会出现无法提现的情况。受骗人群多为具有一定收入、资产的单身人员或热衷于投资、炒股的群体。

【典型案例二】于某在某直播平台上观看炒股知识直播时，收到自称是主播的好友请求，私聊后双方添加了QQ好友，对方又将于某拉入一个投资交流群，于某在群内看见其他人在某款App投资获利，便下载该App并按照群管理员的指示在App内进行投资操作，小额试验都成功赢利并顺利提现。于某感觉获利丰厚，便在App内累计投资347万元。直至月底，于某发现App内余额无法提现并被对方拉黑，才发现被骗。

虚假网络贷款类诈骗

诈骗分子通过网络媒体、电话、短信、社交工具等发布办理贷款、信用卡、提额套现的广告信息，然后冒充银行、金融公司工作人员联系受害人，谎称可以"无抵押""免征信""快速放贷"，诱骗受害人下载虚假贷款App

或登录虚假网站。再以收取"手续费""保证金""代办费"等为由，诱骗受害人转账汇款。诈骗分子收到受害人转账后，便关闭虚假App或虚假网站，并将受害人拉黑。受骗人群多为有迫切贷款需求、急需用钱周转的人员。

【典型案例三】樊某接到自称某金融平台客服的来电，询问是否有贷款需求。因樊某正好需要资金周转，便添加了对方企业微信好友，并下载某"贷款"App。樊某在该App上申请贷款后，对方以交会员费、解冻金、证明还款能力等为由要求其转账。樊某向对方转账13.7万元后，对方仍称贷款条件不满足不能放贷，随后便失去联系。樊某发现下载的App已无法登录，才发现被骗。

【生词 New words】

序号	生词	拼音	词性	英文释义
1	聚焦	jù jiāo	v.	focus on
2	深恶痛绝	shēn wù tòng jué	phrase	deeply detest
3	遏制	è zhì	v.	curb, restrain
4	返利	fǎn lì	n.	rebate, cashback
5	冒充	mào chōng	v.	impersonate
6	演化	yǎn huà	v.	evolve

续表

序号	生词	拼音	词性	英文释义
7	引流	yǐn liú	v.	divert, lead traffic
8	卡单	kǎ dān	n./v.	order stuck
9	金融理财顾问	jīn róng lǐ cái gù wèn	phrase	financial advisor
10	漏洞	lòu dòng	n.	loophole
11	套现	tào xiàn	v.	cash out
12	保证金	bǎo zhèng jīn	n.	deposit
13	周转	zhōu zhuǎn	v.	turnover, cash flow
14	会员费	huì yuán fèi	n.	membership fee
15	解冻金	jiě dòng jīn	n.	thawing fund, unlock fund

第7课

交通纠纷

持境外驾驶证是合法驾驶吗？

【导读 Warm-up】

衣、食、住、行历来是人们生活的主要部分。近年来随着机动车的大量增加，交通事故也在大量增加，如何做到安全出行应该引起我们的重视，特别是在不同的国家和地区驾驶机动车更应受到重视。

【课文 Text】

2020年10月15日17时左右，被告张某持境外机动车驾驶证驾驶小型轿车在学院路南路由东向西行驶时，该车右侧偏前部位与由东向西原告王某驾驶的电动自行车左侧前部发生碰撞，造成王某受伤及双方车辆损坏的道路交通事故。原告王某投保了某保险公司的车险。该起事故经某人民法院判决，某保险公司在交强险范围内赔偿20万元。

该保险公司认为，被告张某在事故发生时虽然持有境外驾驶证，但根据公安部驾驶证申领办法，该种情形应被视为无证驾驶，交强险内损失应由被告返还给原告。后经法院认为，被告张某在事故发生时未取得合法驾驶资格，属于无证驾驶。原告某保险公司已在交强险范围内对原告王某予以赔偿，现在赔偿范围内向被告张某主张行使追偿权，被告张某应在交强险范围内返还某保险公司垫付款20万元。遂判决被告张某于本判决生效后10日内给付原告某保险公司20万元。

判决后，被告张某不服一审判决，提起上诉。经某中级人民法院调解，被告张某与某保险公司达成调解协议，自愿分期返还某保险公司垫付款15万元。

【生词 New words】

序号	生词	拼音	词性	英文释义
1	机动车	jī dòng chē	n.	motor vehicle
2	驾驶	jià shǐ	v.	drive
3	轿车	jiào chē	n.	sedan
4	行驶	xíng shǐ	v.	drive
5	部位	bù wèi	n.	part, position
6	电动	diàn dòng	adj.	electric

续表

序号	生词	拼音	词性	英文释义
7	碰撞	pèng zhuàng	v.	collide
8	损坏	sǔn huài	v.	damage
9	车险	chē xiǎn	n.	vehicle insurance
10	起	qǐ	mw.	describing the number of cases
11	公安部	gōng'ān bù	n.	The Ministry of Public Security
12	申领	shēn lǐng	v.	apply for, receive (official documents)
13	情形	qíng xíng	n.	situation
14	视为	shì wéi	v.	regard as, consider as
15	无证驾驶	wú zhèng jià shǐ	n.	driving without a license
16	予以	yǔ yǐ	v.	give
17	主张	zhǔ zhāng	v.	advocate
18	调解	tiáo jiě	v.	mediate
19	协议	xié yì	n.	agreement
20	自愿	zì yuàn	v.	voluntary

【法律小知识 Legal insights】

部分驾驶人因工作、学习的原因，长期居住在国（境）外，为方便驾车，就在当地申领了驾驶证。公安部《机动车驾驶证申领和使用规定》第二十条规定，持有境外机动车驾驶证，符合本规定的申请条件，且取得该驾驶证时在核发国家或者地区一年内累计居留九十日以上的，可以申请对应准驾车型的机动车驾驶证。

属于申请准驾车型为大型客车、重型牵引挂车、中型客车机动车驾驶证的，还应当取得境外相应准驾车型机动车驾驶证二年以上。因此，仅持有国（境）外驾驶证的，在回国或入境驾车前，一定要先换领"中华人民共和国机动车驾驶证"。

Some drivers, due to work or study reasons, reside abroad for an extended period. For the convenience of driving, they apply for a local driving license in the host country. According to Article 20 of the Regulations on the Application and Use of Motor Vehicle Driving Licenses issued by the Ministry of Public Security of China, holders of foreign motor vehicle driving licenses who meet the conditions specified in these regulations and have resided in the issuing country or region for a cumulative period of more than ninety days within one year of obtaining the driving license can apply for a motor vehicle driving license corresponding to the applicable vehicle type.

For those applying for driving licenses for large passenger

vehicles, heavy-duty trailers, and medium-sized passenger vehicles, they must also have held the corresponding foreign motor vehicle driving licenses for more than two years. Therefore, individuals holding only foreign driving licenses must first obtain the "People's Republic of China Motor Vehicle Driving License" before driving in China or upon entry into the country.

【综合练习 Integrated exercises 】

一、读一读。Read the followings.

机动车	机动车管理（Motor vehicle management）
	机动车辆登记（Motor vehicle registration）
驾驶	驾驶证（Driver's license）
	安全驾驶（Safe driving）
	无证驾驶（Driving without a license）
行驶	行驶速度（Traveling speed）
	行驶路线（Travel route）
	行驶状况（Travel conditions）
电动	电动车（Electric vehicle）
	电动汽车（Electric car）
	电动自行车（Electric bicycle）
损坏	车辆损坏（Vehicle damage）
	严重损坏（Serious damage）

续表

判决	一审判决（Initial verdict）
	再审判决（Retrial judgment）
	法院判决（Court judgment）
	判决书（Judgment document）
驾驶证	申领驾驶证（Apply for a driver's license）
	换领驾驶证（Replace driver's license）
损失	财产损失（Property loss）
	经济损失（Economic loss）
生效	判决生效（Judgment takes effect）
	协议生效（Agreement takes effect）
	生效日期（Effective date）
调解	法律调解（Legal mediation）
	调解协议（Mediation agreement）
	调解员（Mediator）
协议	赔偿协议（Compensation agreement）
	合同协议（Contract agreement）

二、选词填空。Fill in the blanks with the most proper words from new words.

驾驶	情形	视为	协议	予以
机动车	行驶	申领	损坏	电动
碰撞	自愿	车险	主张	调解

1.在城市交通中，_____的数量不断增加，提高了交通拥堵的风险。

2.他一直_____通过对话解决争端而非使用武力。

3.同学们_____报名参加学校的活动。

4.在发布会上，公司对那些传言都_____否定。

5.车辆在强烈的风暴中遭受了严重的_____，需要进行紧急维修。

6.在完成必要的手续后，他可以前往交管部门_____新的驾驶证。

7.交通事故发生后，调查人员努力确定_____的原因和责任。

8.在这种紧急_____下，我们需要迅速做出决定。

9.他们达成了一份公平的_____，明确了各自的权利和责任。

10.她是一位经验丰富的司机，能够熟练地_____各种类型的车辆。

三、根据课文内容进行回答。Answer based on the content of the text.

1.下列哪个选项描述了该法律纠纷的核心争议？（　　）

A.被告张某在事故中是否有过错

B.原告王某的伤害赔偿费用

C.被告张某是否持有有效的驾驶证

D.保险公司是否应对双方车辆的损失进行赔偿

2.原告王某由于事故受伤，某保险公司在交强险范围内向其赔偿_____元。

3.为什么某保险公司认为被告张某在事故发生时应被视为无证驾驶？

四、阅读下面的材料，介绍该起交通纠纷的背景和争议焦点。Read the following materials and provide an introduction to the background and points of contention in this traffic dispute.

小明驾驶自己的小轿车行驶在城市主干道上，按规定速度行驶。突然，一辆摩托车从小巷口冲出，迅速驶入主干道并迎面驶来。小明来不及反应，与摩托车发生碰撞，导致摩托车驾驶员摔倒受伤，摩托车也受到了一定的损坏。

双方当事人在事故发生后产生纠纷，都主张自己没有过错。小明认为他在主干道上正常行驶，摩托车是闯入主干道的，应该由摩托车驾驶员负全责。而摩托车驾驶员则表示，他在巷口停了一下，确认没有车辆后才驶入主干道，认为小明超速行驶，导致事故的发生，要求小明负主要责任。

该交通事故牵涉行车规则、速度限制、交叉路口的通行规则等多个法律方面的问题，需要综合考虑双方当事人的陈述、目击证人的证言，以及可能存在的监控录像等证据，从而确定责任划分及赔偿问题。

拓展阅读（Further reading）

交通事故纠纷将实现"网上数据一体化处理"

2020年5月22日，最高人民法院、公安部、司法部、中国银行保险监督管理委员会联合发布《关于在全国推广道路交通事故损害赔偿纠纷"网上数据一体化处理"改革工作的通知》。该通知决定，将自2017年11月以来在14个省区市联合开展的道路交通事故损害赔偿纠纷"网上数据一体化处理"改革试点工作在全国范围推广。

道路交通事故纠纷"网上数据一体化处理"，是指人民法院与公安机关、司法行政机关、保险监管机构，以及调解组织、鉴定机构、保险机构，通过建立并利用道路交通事故纠纷"网上数据一体化处理"平台，实现此类纠纷责任认定、理赔计算、调解、司法鉴定、法院诉讼、一键理赔等一体化处理，促进道路交通事故损害赔偿纠纷源头治理和公正高效便捷地化解。

近年来，随着我国经济社会快速发展，道路交通事故损害赔偿纠纷数量快速增长，已经成为人民法院受案数量最多的民事案件类型之一。道路交通事故损害赔偿纠纷中，侵权人逃避责任、损害赔偿标准不统一、赔偿规则不清晰等问题长期存在并影响着当事人的司法体验，制约了纠纷的高效化解。道路交通事故纠纷"网上数据一体化处理"，以公开的程序、可预测的标准、智能化的计算，快速公正地化解了大量矛盾纠纷，最大限度地促进类案同判，并通过规则和技术的双重保证，使公正以看得见的方式实现，有利于促进社会和谐稳定。

"网上数据一体化处理"改革试点工作于2017年11月启动。截至2020年4月底，"网上数据一体化处理"平台经全国27家高级人民法院牵头，已在1380家基层人民法院试点上线。平台全部对接公安部信息共享平台，实现道路交通事故损害赔偿纠纷信息共享；对接25家高级人民法院审判系统，实现调解数据与办案数据共享；对接13家财产保险公司，实现全国85%的机动车车辆保险一键理赔。

在一些地方，道路交通事故损害赔偿纠纷"网上数据一体化处理"平台一启动，就得到了当事人的认可。因为对于当事人来说，他会感受到事故处理的公平、正义。另外，由于事故处理的相关部门都可以在这个平台上联合办公，所以对于当事人来说，他就可以少跑路，"一站式"办理所有道路交通事故的调解及理赔。

【生词 New words】

序号	生词	拼音	词性	英文释义
1	监督	jiān dū	v.	supervise
2	发布	fā bù	v.	release, publish
3	改革	gǎi gé	n.	reform
4	试点	shì diǎn	n.	pilot (program/project)
5	鉴定	jiàn dìng	n.	appraisal, identification
6	源头	yuán tóu	n.	source, origin
7	化解	huà jiě	v.	resolve, alleviate
8	侵权	qīn quán	v.	infringement
9	逃避	táo bì	v.	evade
10	清晰	qīng xī	adj.	clear
11	当事人	dāng shì rén	n.	parties involved

续表

序号	生词	拼音	词性	英文释义
12	看得见	kàn de jiàn	phrase	visible
13	和谐	hé xié	n.	harmony
14	共享	gòng xiǎng	v.	share, co-share
15	启动	qǐ dòng	v.	launch, start
16	正义	zhèng yì	n.	justice, righteousness

第8课

公司纠纷

飞机延误是否可以申请赔偿?

【导读 Warm-up】

伴随着世界航空运输的快速发展,因延误而引起的航空旅客运输合同纠纷也不断增多。在这类纠纷中,引发争议最多的是承运人的延误及其法律责任的承担问题。而由不可抗力的原因造成的飞机延误是否可以得到赔偿?下面的案例可以帮助我们来了解相关情况。

【课文 Text】

2010年12月,外国人阿某购买了一张由香港某航空公司作为出票人的机票,航程安排为:上海—香港—卡拉奇。其中,上海与香港间的航程由中国某航空公司实际承运,香港与卡拉奇间的航程由香港某航空公司实际承运。机票背面条款注明,该合同应遵守"华沙公约"所指定的

有关责任的规则和限制。该机票为打折票，机票上注明
"不得退票、不得转签"。后因下大雪，中国某航空公司
的航班发生延误，因此导致外国人阿某到达香港机场后未
能赶上香港某航空公司飞卡拉奇的衔接航班。

中国某航空公司工作人员告知外国人阿某只有两种
处理方案：一是在机场里等候3天，然后搭乘香港某航空
公司的下一航班，3天费用自理；二是另行购买其他航空
公司的机票至卡拉奇，费用为25000港币。外国人阿某认
为，中国某航空公司的航班延误，又拒绝重新安排航程，
给自己造成了经济损失，遂提出诉讼。

某人民法院经审理认为，航班由于天气原因发生延
误，对这种不可抗力造成的延误，中国某航空公司不可能
采取措施来避免发生，故其对延误本身无须承担责任，但
需证明其已经采取了一切必要的措施来避免延误给旅客造
成的损失发生。但是，中国某航空公司未能提供证据证明
损失的产生系外国人阿某自身原因所致，也未能证明其为
了避免损失扩大采取了必要的方式和妥善的补救措施，故
应判令中国某航空公司承担赔偿责任。

据此，某人民法院判决：中国某航空公司赔偿外国人
阿某损失共计人民币5863.60元。判决以后，中国某航空
公司上诉，二审判决驳回上诉，维持原判。

【生词 New words】

序号	生词	拼音	词性	英文释义
1	航程	háng chéng	n.	voyage
2	背面	bèi miàn	n.	backside
3	条款	tiáo kuǎn	n.	terms and conditions
4	遵守	zūn shǒu	v.	comply
5	公约	gōng yuē	n.	convention, treaty
6	指定	zhǐ dìng	v.	designate
7	有关	yǒu guān	adj.	relevant
8	退票	tuì piào	v.	refund
9	因	yīn	conj.	because of
10	延误	yán wù	n./v.	delay
11	赶上	gǎn shàng	v.	catch up
12	衔接	xián jiē	v.	connect
13	等候	děng hòu	v.	wait
14	搭乘	dā chéng	v.	board, take a ride
15	拒绝	jù jué	v.	refuse
16	诉讼	sù sòng	n.	lawsuit
17	不可抗力	bù kě kàng lì	n.	force majeure
18	故	gù	conj.	therefore

续表

序号	生词	拼音	词性	英文释义
19	据此	jù cǐ	phrase	based on this
20	上诉	shàng sù	v.	appeal
21	原判	yuán pàn	n.	original judgment

【法律小知识 Legal insights 】

本案是因航班延误引发的国际航空旅客运输纠纷，在涉及两家航空公司的联程运输中，因前一航班延误而导致乘客未能在中转点赶上衔接航班，而机票背面条款（或在航空公司网上公布的运输条件）约定承运人对衔接航班免责，并且所购机票系注明"不得签转"的折扣机票，购票旅客在此种情形下如何维护自身权益是问题关键。

本案明确了航空法中的缔约承运人和实际承运人的关系、不可抗力造成航班延误下承运人的义务范围、打折机票不得签转约定的解释等问题。

This case involves an international air passenger transportation dispute arising from flight delay. In the context of a connecting journey involving two airlines, the delay of the preceding flight resulted in passengers'missing the connecting flight at the transit point. The terms on the back of the airline ticket (or the transportation conditions published online by the airline) <u>exempt the carrier from liability</u> for missed connecting flights due to the delay of the preceding flight. Additionally, the purchased ticket specifies it as a discount ticket that is "non-endorsable." The <u>key issue</u> in this situation is how passengers can safeguard their rights.

This case clarifies issues within aviation law, including the relationship between the contracting carrier and the actual carrier, the scope of the carrier's obligations in the event of flight delays caused by force majeure, and the interpretation of the stipulation that discount tickets cannot be endorsed.

【综合练习 Integrated exercises 】

一、读一读。Read the followings.

航程	直飞航程（Direct flight voyage）
	航程安排（Voyage arrangement）
条款	合同条款（Contract terms）
	服务条款（Service terms）
	条款内容（Terms content）

遵守	遵守规定（Comply with regulations）
	遵守法律（Obey the law）
	严格遵守（Strictly adhere to / Strict compliance）
公约	国际公约（International convention）
	签署公约（Sign a convention）
	履行公约（Fulfil a convention）
指定	指定时间（Specified time）
	指定任务（Assigned task）
退票	退票政策（Refund policy）
	申请退票（Apply for a refund）
	退票手续（Refund procedures）
	退票费用（Refund fees）
赶上	赶上飞机（Catch the plane）
	赶上末班车（Make it on time for the last bus）
拒绝	拒绝入境（Refuse entry）
	拒绝请求（Refuse requests）
诉讼	提起诉讼（File a lawsuit）
	诉讼程序（Litigation process）
审理	法院审理（Court trial）
	审理程序（Trial process）
	审理结果（Trial results）
上诉	提起上诉（File an appeal）
	上诉理由（Grounds for appeal）

二、选词填空。Fill in the blanks with the most proper words from new words.

背面	赶上	有关	拒绝	搭乘
上诉	公约	条款	等候	原判
指定	延误	遵守	航班	衔接

1.我们需要在_____的时间内完成这项工作。

2.请提供所有_____您工作经验的详细信息。

3.在签署合同之前，请仔细阅读所有_____，确保你理解并同意其中的每一条。

4.由于天气恶劣，航班被_____了两个小时。

5.律师辩护后，法官维持了对被告的_____。

6.我在书的_____找到了作者的签名。

7.由于技术故障，乘客被要求在登机口_____，直到问题得到解决。

8.不满判决结果的一方可以选择_____以寻求法院的二审裁决。

9.驾驶员应该时刻_____交通法规，确保道路安全。

10.长途_____可能对身体产生一些不适，建议乘客在飞行期间进行适当的伸展运动。

三、根据课文内容进行回答。Answer based on the content of the text.

1.根据课文，以下哪项陈述是正确的？（　　）

A.外国人阿某提出诉讼的主要原因是机票上注明"不得退票、不得转签"

B.外国人阿某提出诉讼的主要原因是中国某航空公司的航班延误导致其未能赶上后续衔接航班

C.外国人阿某提出诉讼的主要原因是机票上的背面条款注明遵守"华沙公约"，而中国某航空公司未能履行相关责任

D.外国人阿某提出诉讼的主要原因是中国某航空公司拒绝重新安排航程，导致其经济损失

2.外国人阿某购买的机票航程包括＿＿＿＿、＿＿＿＿这两座城市。

3.外国人阿某认为中国某航空公司的航班延误给自己带来什么损失？

四、情景思考题。Thought question.

情景：

你是一名乘务员，在一家国际航空公司工作。今天，你的航班因为不可抗力（例如天气问题）而延误。现在你

需要与乘客进行有效沟通，提供信息并处理他们可能有的疑虑和问题。

任务：

1.向乘客解释航班延误的原因，并说明这是一种不可抗力的情况。

2.提供新的预计起飞时间，并解释航空公司正在采取措施来解决问题。如果有需要，可以提供帮助重新安排衔接航班或提供其他相关服务。

3.留意乘客的情绪，如遇到不满或抱怨情绪，应耐心听取并积极回应。

拓展阅读（Further reading）

迈克尔·乔丹商标纠纷案

迈克尔·乔丹是美国NBA著名篮球明星；乔丹公司是国内体育用品企业，在很多商品或者服务上拥有"乔丹""QIAODAN"等注册商标。

2012年，迈克尔·乔丹认为争议商标"乔丹""QIAODAN"的注册损害了其姓名权，向商标评审委员会提出撤销争议商标的申请。商标评审委员会裁定争议商标

应予以维持。迈克尔·乔丹不服，向北京市第一中级人民法院提起行政诉讼。一审败诉后，迈克尔·乔丹上诉至北京市高级人民法院。北京市高级人民法院判决驳回上诉。商标评审委员会、北京一中院、北京高院均认为，"乔丹"为英美普通姓氏而不是姓名，难以认定其与迈克尔·乔丹存在当然的对应关系。现有证据不足以证明"乔丹"确定性指向"Michael Jordan"和"迈克尔·乔丹"，难以认定争议商标的注册损害迈克尔·乔丹的姓名权。

迈克尔·乔丹不服，向最高人民法院申请再审。最高人民法院认为，乔丹在中国具有较高的知名度，为相关公众所知悉，"乔丹"与迈克尔·乔丹之间已经形成了稳定的对应关系，迈克尔·乔丹对中文"乔丹"享有在先姓名权。

但不足以证明相关公众使用拼音"QIAODAN"指代迈克尔·乔丹，也不足以证明拼音"QIAODAN"与迈克尔·乔丹之间已经建立了稳定的对应关系。因此，迈克尔·乔丹对拼音"QIAODAN"不享有在先姓名权。

【生词 New words】

序号	生词	拼音	词性	英文释义
1	商标	shāng biāo	n.	trademark

续表

序号	生词	拼音	词性	英文释义
2	用品	yòng pǐn	n.	goods
3	注册	zhù cè	n.	registration
4	争议	zhēng yì	n.	dispute
5	评审	píng shěn	v.	review
6	委员会	wěi yuán huì	n.	committee
7	撤销	chè xiāo	v.	revoke
8	驳回	bó huí	v.	reject
9	足以	zú yǐ	adv.	sufficiently
10	指向	zhǐ xiàng	v.	point to
11	认定	rèn dìng	v.	identify, recognize
12	知名	zhī míng	adj.	well-known
13	姓名权	xìng míng quán	n.	right of name
14	享有	xiǎng yǒu	v.	enjoy, have (rights, privileges, etc.)

第9课

法治新闻

新媒体助力普法宣传

【导读 Warm-up】

如何让大家足不出户学习法律知识？近年来，随着新媒体的迅猛发展，新媒体在信息传递中的作用日益凸显，在中国已成为普法的重要工具。通过新媒体来创新普法形式，打破了地域和时间限制，让大家零距离学法。

【课文 Text】

在互联网时代，普法宣传不再局限于传统媒体，社交媒体在普法宣传中发挥了巨大作用，微博、微信、抖音等平台都成了普法的新阵地。

社交媒体是普法的新载体。例如，就"遇到高空抛物，差点砸中自己，怎么办?"这个问题创作情景还原案例，然后通过短视频生动、有趣地向公众传达法律知识和法治精神，或者将案例和法律条文结合，形成文案，然后再根据文案进行拍摄，制作成动画片、情景剧、普法小课堂等，从而将晦涩难懂的法律条文，转变成贴近生活、通俗易懂的视频节目。

社交媒体还可以成为提供法律服务和法律援助的平台，成为沟通法律人员和社会公众的桥梁。有法律部门专门安排专业人员对抖音上的法律类咨询留言进行免费答复。对于一些较为复杂的咨询案例，管理人员将咨询进行精准分类，再分配给法律顾问进行点对点的免费答复。

有些机构利用网络平台发布普法内容。内容包括一般的法治知识和具体的家庭普法教育话题，重点解决热点法律问题，推动法治案例的传播，塑造尊法、学法、守法、用法的社会氛围，同时建立互动社群，为家庭普法教育提供支持。

社交媒体的普法宣传呈现出互动性。利用微博、微信等平台分享有趣的法律案例、法治小常识或进行互动投票，都是互动式的普法宣传。不仅能够解决公众有关法律的疑问，还能够增进他们对法律的理解和参与。

总的来说，当前的普法宣传已经发生了巨大的变化，变得更加有趣、更具创新和互动。

【生词 New words】

序号	生词	拼音	词性	英文释义
1	助力	zhù lì	v.	support
2	普法	pǔ fǎ	n.	popularize law, legal education
3	学法	xué fǎ	v.	study law
4	社交	shè jiāo	n.	social
5	平台	píng tái	n.	platform
6	传达	chuán dá	v.	convey
7	从而	cóng ér	conj.	thus, therefore
8	公众	gōng zhòng	n.	the public
9	高空	gāo kōng	n.	high altitude
10	答复	dá fù	v.	reply, response
11	分类	fēn lèi	v.	classify
12	顾问	gù wèn	n.	consultant, advisor
13	援助	yuán zhù	n.	aid, assistance

续表

序号	生词	拼音	词性	英文释义
14	咨询	zī xún	n.	consultation
15	留言	liú yán	n.	leave a message
16	桥梁	qiáo liáng	n.	bridge
17	热点	rè diǎn	n.	hotspot
18	互动	hù dòng	v.	interact
19	总的来说	zǒng de lái shuō	phrase	generally speaking, in summary
20	投票	tóu piào	v.	vote

【法律小知识 Legal insights 】

　　中国有很多和法律相关的电视节目，其中《今日说法》就是最具知名度的一档法治节目。《今日说法》自1999年开播以来，收视率一直很高。《今日说法》之所以这么受欢迎，主要是因为这个节目虽然是普及法律知识，但它采用的讲述方式很吸引眼球，节目中出现的真实案件很具故事性，作为讲解的主持人也会积极参与其中，有意地抛出一个个疑问来制造悬念。《今日说法》就是这样通过一个个案件给广大观众普法，365天讲述365个法治故事，再请365个专家来告诉大家该怎么办。让法律不再枯燥，让百姓真正理解、应用法律，这才是普法的意义。

China has many television programs related to law, among which Today's Legal Report is the most <u>well-known</u> legal program. Since its debut in 1999, Today's Legal Report has maintained consistently high <u>viewership</u>. The program's popularity can be attributed to its effective approach in popularizing legal knowledge. While it serves as an educational platform for legal information, the <u>storytelling</u> technique employed is captivating. The real cases presented in the program are often bizarre, and the <u>host</u>, acting as an explicator, actively engages in the narratives by posing intriguing questions to create <u>suspense</u>.

Today's Legal Report achieves its goal of legal education by presenting a series of cases to the broad audience—365 days, 365 legal stories, and inviting 365 experts to guide viewers on what to do in each situation. By making the law more accessible and interesting, the program transforms the perception of law from a boring topic into a dynamic and engaging experience. This approach allows people to truly understand and apply legal principles, embodying the essence and significance of legal education.

【综合练习 Integrated exercises】

一、读一读。Read the followings.

助力	助力发展（Support development）
	助力成功（Support success）
普法	普法活动（Activities to popularize law）
	普法宣传（Promotion of popularizing law）
社交	社交媒体（Social media）
	社交网络（Social network）
	社交平台（Social platform）
平台	互联网平台（Internet platform）
	商业平台（Business platform）
	数字平台（Digital platform）
传达	传达信息（Convey information）
	传达观点（Convey viewpoints）
答复	答复邮件（Reply to emails）
	答复问题（Respond to questions）
	答复时间（Response time）
顾问	法律顾问（Legal advisor）
	专业顾问（Professional consultant）
援助	援助计划（Aid plans）
	法律援助（Legal aid）
	援助项目（Aid projects）

续表

咨询	咨询服务（Consultation services）
	咨询公司（Consulting firm）
热点	热点问题（Hotspot issues）
	热点新闻（Hotspot news）
	热点事件（Hotspot events）
	热点话题（Hotspot topics）
互动	互动平台（Interactive platform）
	互动方式（Interaction methods）
投票	投票结果（Voting results）
	投票活动（Voting activities）
	公民投票（Citizen voting）

二、选词填空。Fill in the blanks with the most proper words from new words.

助力	平台	援助	普法	互动
留言	咨询	答复	分类	传达
公众	顾问	热点	社交	投票

1.这个活动设计了一系列_____环节，让参与者积极参与其中，增强了活动的趣味性。

2.我已经向您发送了电子邮件，请查收并及时_____。

3.请在下面的评论框中_____，告诉我们您对这个产品的看法。

4.在图书馆中，图书按照主题和作者进行_____，方便读者查找。

5.媒体的报道引起了_____的广泛关注，让人们开始关心这个问题。

6.使用清晰而简洁的语言来_____你的观点，以便让听众更容易理解。

7.新的技术应用可以_____公司提高生产效率。

8.国际组织提供了紧急_____，以帮助受灾地区的人们应对自然灾害的后果。

9.政府决策中常常需要法律_____的意见，以确保合规性和公正性。

10.政府积极推动_____宣传，以提高公民对法律的认知和理解。

三、根据课文内容进行回答。Answer based on the content of the text.

1.关于社交媒体在普法宣传中的作用，以下哪项描述是正确的?(　　)

A.社交媒体在普法宣传中仅仅起到对传统媒体的替代作用

B.社交媒体在普法宣传中发挥了巨大作用，但不具备互动性

C.社交媒体在普法宣传中创新了普法的形式，提供了有趣的法律知识内容，并具有强烈的互动性

D.社交媒体在普法宣传中主要用于法律服务和法律援助，不涉及创新普法形式

2.社交媒体通过普法小剧场等形式，将晦涩难懂的法律条文转变成贴近生活、通俗易懂的＿＿＿＿。

3.有法律部门专门安排专业人员对抖音上法律类咨询留言进行免费答复，对于较为复杂的咨询案例，将咨询进行精准分类，分配给法律顾问进行点对点的免费＿＿＿＿。

4.社交媒体如何通过普法小剧场等创新普法形式，使法律知识更贴近生活、通俗易懂？

四、思考题。Thought question.

如果现在需要你来制作一个普法小视频，请具体谈谈你对这个普法小视频的设计，包括主要内容、主要观点等方面的具体设计和考虑。

拓展阅读（Further reading）

罗翔的魅力

罗翔是中国政法大学教授，也是一个在著名平台上拥有两千多万粉丝的"网络红人"。从大学教授到"网络红人"，罗翔到底有什么魅力呢？

罗翔博士毕业后就留在中国政法大学任教。刚开始，罗翔担心自己讲课会紧张，就把自己要说的话提前写下来。后来，时间久了，他觉得讲课没有那么难，他还会在课堂上和同学们开开玩笑，将原本枯燥无味的法学课讲得妙趣横生，学生们越来越喜欢上他的课。

2017年，罗翔开始讲解法考课程，后来，他讲解法考课程的视频被上传到网络后，罗翔一下子"火"了。"女子把想侵犯她的歹徒踹入粪坑，最后导致其溺亡，是否防卫过当？""如果熊猫来咬我，我能把熊猫打死吗？""我用望远镜看女生宿舍构成犯罪吗？"……在这些视频中，罗翔的授课风格非常独特，不同于一般的大学老师，他将原本枯燥乏味的法律条文，输出成各种段子与好玩的案例，从而吸引了大量的受众。

罗翔的普法视频受到广大网民的喜欢。他考虑受众是没有经过法学训练的普通大众，而不是专业人士，因此经常会讲一些大家耳熟能详的段子，既寓教于乐，又能起到普法作用。但渐渐地也出现了一些负面的声音，有网友质疑，"这种娱乐化讲法条的方式是不是不太严肃？"而罗翔也在尽自己所能平衡着两者间的关系。

【生词 New words】

序号	生词	拼音	词性	英文释义
1	魅力	mèi lì	n.	charm
2	拥有	yōng yǒu	v.	possess
3	讲课	jiǎng kè	v.	lecture
4	侵犯	qīn fàn	v.	violate
5	讲解	jiǎng jiě	v.	explain
6	防卫过当	fáng wèi guò dàng	n.	excessive defense
7	犯罪	fàn zuì	v.	commit a crime
8	输出	shū chū	v.	output
9	广泛	guǎng fàn	adj.	widely
10	娱乐	yú lè	n.	entertainment
11	法条	fǎ tiáo	n.	legal provisions
12	严肃	yán sù	adj.	serious
13	平衡	píng héng	v.	balance

第10课
影视中的法律文化

电影《刮痧》中的中西法律文化冲突

【导读 Warm-up】

法律文化作为社会文化的重要组成部分，在电影中得到了广泛的体现和探讨。电影通过故事情节和人物形象，向观众传递了各种法律思想的内涵和价值。

【课文 Text】

电影《刮痧》是于2001年出品的一部电影。影片的主人公许大同在美国学习生活8年，事业有成、家庭幸福，但随后发生的意外事件给许大同带来了一系列法律纠纷：他5岁的儿子丹尼斯闹肚子、发烧，来美国探亲的爷爷因不懂药物上的英文说明，便用中国民间传统的刮痧疗法为小孙子治病，而这成了许大同虐待儿童的证据。之后便是关于虐待儿童的接连不断的庭审，许大同一家平静的生活被这场从天而降的官司彻底打乱。

　　这部电影通过一个在美国生活的中国家庭的故事，生动地展示了中西法律文化之间的巨大差异和冲突。在西方社会，法律侧重保护个人权利，特别是对儿童权益的保护。由于缺乏医学证明，所以爷爷采用刮痧疗法为孙子治病被视为虐待儿童。此外，影片中许大同为了保护父亲，选择在法庭上承担刮痧的责任，这是中国传统文化注重家庭责任和亲情的当代体现。

　　这部电影的导演郑晓龙说过这样一段话："我们相信，每一种文化的存在都使这个世界变得更加缤纷绚丽，不同的文化之间需要有理解精神和博大的胸怀，回避矛盾、放弃自己、互相对立都不是文明的出路。尊重、吸纳、兼容并蓄才是任何一种文化生命力旺盛、可能继续发展的表现，才是希望所在。"相信不同文化的相互交流和取长补短会让这个世界更美丽！

【生词 New words 】

序号	生词	拼音	词性	英文释义
1	刮痧	guā shā	v.	scraping therapy
2	出品	chū pǐn	v.	produce (a film)
3	主人公	zhǔ rén gōng	n.	protagonist

续表

序号	生词	拼音	词性	英文释义
4	法律纠纷	fǎ lù jiū fēn	phrase	legal dispute
5	官司	guān si	n.	lawsuit
6	中西法律文化	zhōng xī fǎ lù wén huà	phrase	Chinese and Western legal cultures
7	差异	chā yì	n.	difference
8	冲突	chōng tū	n.	conflict
9	侧重	cè zhòng	v.	emphasize, focus
10	个人权利	gè rén quán lì	phrase	individual rights
11	儿童权益	ér tóng quán yì	phrase	children's rights
12	医学证明	yī xué zhèng míng	n.	medical proof
13	疗法	liáo fǎ	n.	therapy
14	治病	zhì bìng	v.	treat, cure a disease
15	亲情	qīn qíng	n.	affection, family love
16	当代	dāng dài	adj.	contemporary, modern
17	导演	dǎo yǎn	n.	director
18	缤纷绚丽	bīn fēn xuàn lì	phrase	colorful and splendid
19	精神	jīng shén	n.	spirit
20	博大	bó dà	adj.	broad, extensive
21	胸怀	xiōng huái	n.	mind, heart
22	回避	huí bì	v.	avoid
23	对立	duì lì	v.	oppose, confront

【法律小知识 Legal insights】

中国传统的刮痧疗法在美国没有得到认可，反映了中西方法律文化逻辑的不同。在西方，由于刮痧并不是一种被人们普遍认同的治疗方式，所以对此需要进行严格的法律论证。而在中国，由于人们普遍认为刮痧是一种传统的医学疗法，所以无须在法庭上专门对此进行证明。

Traditional Chinese scraping therapy has not been recognized in the United States, which reflects the different legal cultural logic between Chinese and Western methods. In the West, because scraping therapy is not a generally accepted treatment, strict legal argumentation is needed. In China, scraping therapy is widely believed to be a traditional medical treatment, so there is no need to prove it in court.

【综合练习 Integrated exercises】

一、读一读。Read the followings.

出品	电影出品（Film production）
	音乐出品（Music production）
	出品时间（Release date）

续表

主人公	电影主人公（Film protagonist）
	小说主人公（Novel protagonist）
	故事主人公（Story protagonist）
庭审	刑事庭审（Criminal trial）
	民事庭审（Civil trial）
	庭审记录（Trial records）
官司	打官司（Litigation）
	刑事官司（Criminal litigation）
	民事官司（Civil litigation）
差异	明显差异（Obvious difference）
	巨大差异（Significant difference）
	存在差异（There are differences）
亲情	亲情关系（Kinship relations）
	亲情纽带（Bond of kinship）
	骨肉亲情（Blood ties）
当代	当代社会（Contemporary society）
	当代问题（Contemporary issues）
	当代艺术（Contemporary art）
导演	电影导演（Film director）
	电视导演（Television director）
	戏剧导演（Theater director）

续表

精神	精神家园（Spiritual home）
	精神面貌（Mental state）
博大	博大的胸怀（Broad mindedness）
	博大精深（Profound and extensive）
回避	回避问题（Avoid the issue）
	回避责任（Avoid responsibility）
	回避风险（Avoid risks）
对立	对立观点（Opposing views）
	对立情绪（Opposing emotions）
	对立阵营（Opposing camps）

二、选词填空。Fill in the blanks with the most proper words from new words.

> 出品　　导演　　侧重　　博大　　对立
> 主人公　官司　　差异　　回避　　法律纠纷
> 胸怀　　庭审　　亲情

1.中华文化的＿＿＿＿精深吸引了无数外国学者前来研究。

2.这两个国家的文化之间存在巨大的＿＿＿＿，因此在

118

交流和理解上存在一些挑战。

3.这两位候选人对同一个问题持有鲜明的_____态度。

4.他以宽广的_____接纳各种观点和意见，促进了团队的合作和共同发展。

5.这部小说的_____是一名勇敢的探险家，他通过不断的努力和奋斗，最终实现了自己的梦想。

6.这所学校_____培养学生的实际技能，以帮助他们在未来的职业发展中取得更多的成功。

7.这本小说改编的电影由某影视公司_____，小说的作者是一位杰出的作家，受到文学评论家的一致好评。

8.这场_____引起了社会各界的广泛关注。

9._____问题从来不是解决问题的办法。只有正视，问题才能得以解决。

10.这部电影深刻地揭示了经济上的_____的复杂性。

三、根据课文内容进行回答。Answer based on the content of the text.

1.刮痧这种传统的医学疗法，因其简单、方便、有效的特点在中国流传已久，为什么在《刮痧》这部电影中会被认为是虐童？（　　）

A.因为刮痧被视为不安全的疗法

119

B.因为许大同的父亲没有医学证明

C.因为许大同的儿子不愿意接受治疗

D.因为许大同的父亲使用了非法的药物

2.在《刮痧》这部电影中，是_____给丹尼斯进行了刮痧。许大同为什么在法庭上说是自己做的？

3.请总结《刮痧》中展示的中西法律文化之间的差异和冲突。

四、思考题。Thought question.

在电影中，我们不仅可以看到各种故事情节和人物形象，还可以从中感受到不同的文化、价值观和社会现象。请给大家介绍一部你们国家的法律电影，包括电影的剧情介绍，其所折射出的法律思想及你对这部电影的分析与看法等。

拓展阅读（Further reading）

正义之剑：《毒舌律师》的荣光与挑战

电影《毒舌律师》是一部探讨法律的公平与公正的电影。主人公林凉水本是一名愤世嫉俗、玩世不恭的律师，因一次误判，使得身陷虐童案的曾洁儿含冤入狱。在愧疚与责任的驱使下，林凉水克服重重困难，与权贵钟氏家族对抗，为曾洁儿辩护，重新找回了对法律的敬畏与对正义的坚守。

电影对林凉水这一角色的塑造极具层次感。林凉水是一个有缺点的普通人，但其能在关键时刻展现出坚定的信念和勇气。电影通过细腻的情感刻画和情节转折，深度探索了法律与人性的交会点。此外，电影也深刻揭示了社会阶层对法律的影响。钟氏家族的权力和财富让他们以为自己可以凌驾于法律之上，但法律的荣光终将战胜不公。正如林凉水在法庭上的慷慨陈词："法庭，本应该是最公平公正的地方，但今天有些权贵自恃有财有势，行为卑劣，视法律如无物，大爷似的坐在这个地方，对不起，公义一样坐在这里！"

电影借林凉水之口，呼吁法律工作者恪守底线，在法律条文和社会制度允许的范围内正确行使职责，强烈反对利用他人对法律的无知来抹杀事实、颠倒黑白，更反对权贵阶层凌驾于法律之上。在建设法治社会的道路上，捍卫法律尊严、守护人间正义应成为每个人的信念和行动准则！

【生词 New words 】

序号	生词	拼音	词性	英文释义
1	毒舌	dú shé	adj.	sharp-tongued
2	愤世嫉俗	fèn shì jí sú	phrase	cynical
3	玩世不恭	wán shì bù gōng	phrase	flippant, not respectful
4	误判	wù pàn	n.	misjudge
5	虐童案	nüè tóng'àn	n.	child abuse case
6	含冤入狱	hán yuān rù yù	phrase	be wrongfully imprisoned
7	责任	zé rèn	n.	responsibility
8	克服	kè fú	v.	overcome
9	权贵	quán guì	n.	powerful and rich people
10	钟氏家族	zhōng shì jiā zú	phrase	Zhong family
11	辩护	biàn hù	v.	defend, plea
12	敬畏	jìng wèi	n.	awe, reverence
13	坚守	jiān shǒu	v.	adhere to, stand by
14	角色塑造	jué sè sù zào	phrase	character portrayal
15	情感刻画	qíng gǎn kè huà	phrase	emotional depiction
16	情节转折	qíng jié zhuǎn zhé	phrase	plot twist

续表

序号	生词	拼音	词性	英文释义
17	慷慨陈词	kāng kǎi chén cí	phrase	impassioned speech
18	法律条文	fǎ lǜ tiáo wén	phrase	legal provisions
19	社会制度	shè huì zhì dù	phrase	social system
20	底线	dǐ xiàn	n.	bottom line
21	制度	zhì dù	n.	system, institution
22	凌驾	líng jià	v.	dominate, override
23	法治社会	fǎ zhì shè huì	phrase	law-based society

第11课

法治文化

中轴线附近的法治文化

【导读 Warm-up 】

中轴线是北京市一条重要的城市轴线，是一条南北走向的中心线，将北京城划分为东西两部分，连接起北京重要历史与文化景点。中轴线是游览北京、了解中国传统文化与法律文化的重要线路。接下来，让我们感受一下中轴线附近浓厚的法治文化底蕴吧！

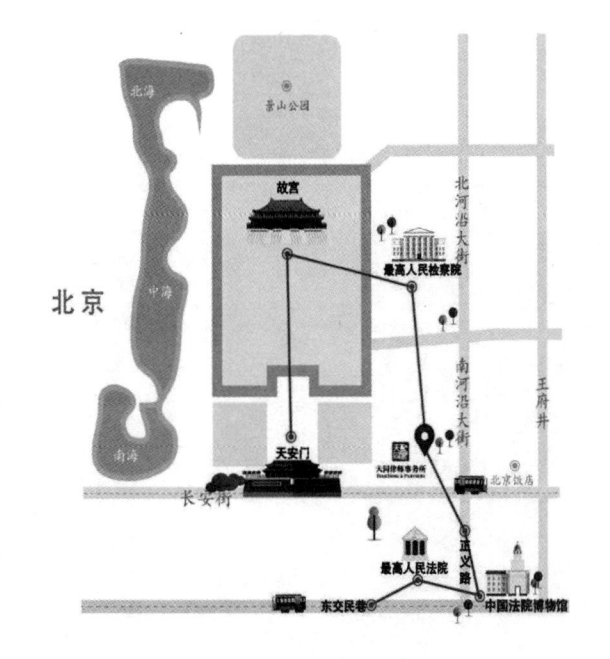

【课文 Text】

作为北京城市文化的脊梁，中轴线上的建筑代表了中国的法治观念与价值体系。中轴线正中的天安门是中国最著名的城市地标之一，承载着中国历史与政治象征意义。1949年，毛泽东在天安门城楼上宣告了中华人民共和国的成立。每年3月，人大代表齐聚一堂，在天安门广场西侧的人民大会堂召开全国人民代表大会。数百部法律法规在这里被审议、表决通过，中国特色社会主义法律体系逐渐形成。

在离天安门不远的地方，坐落着中共中央政法委员会、最高人民检察院、公安部、最高人民法院四大核心政法机构。它们差不多落在一条直线上，由北向南一字排开，几乎与北京中轴线平行。这些机构通过履行相应的职责和权责，维护法律的权威和公正，促进了中国法治文化的发展和传承。

除了展示中国现代法治建设成就，中轴线上的建筑也书写着中国厚重的法治文化传统。位于中轴线的故宫是明清两代的皇宫，故宫的前三殿是古代皇帝办公的地方，登基大典、奏事办公、科举殿试等重要活动都在这里举行，是皇权运转的核心地带。大运河位于中轴线的东侧，是中国古代重要的水运通道，见证了中国古代法律、商业与文化交流。此外，中轴线上的鼓楼在古代是法律和政策的宣布场所，促使古代法律体系的有效运转。

中轴线上及附近的建筑与北京历史与现实交相呼应，共同构成了北京作为中国法治和文化中心的重要象征。

【生词 New words】

序号	生词	拼音	词性	英文释义
1	脊梁	jǐ liáng	n.	backbone
2	中轴线	zhōng zhóu xiàn	n.	central axis
3	建筑	jiàn zhù	n.	architecture
4	代表	dài biǎo	n.	representative
5	承载	chéng zài	v.	bear, support
6	象征	xiàng zhēng	v.	symbol
7	宣告	xuān gào	v.	declare, announce
8	坐落	zuò luò	v.	sit, locate
9	公正	gōng zhèng	n.	justice
10	直线	zhí xiàn	n.	straight line
11	相应	xiāng yìng	adj.	corresponding
12	促进	cù jìn	v.	promote
13	展示	zhǎn shì	v.	display, exhibit

续表

序号	生词	拼音	词性	英文释义
14	传承	chuán chéng	v.	inherit
15	通道	tōng dào	n.	passage
16	办公	bàn gōng	v.	work in an office
17	核心	hé xīn	n.	core
18	水运	shuǐ yùn	n.	water transport
19	皇帝	huáng dì	n.	emperor

【法律小知识 Legal insights】

每年3月，全国人民代表大会在天安门广场西侧的人民大会堂召开，保障了法治国家的基本原则与运行机制。全国人民代表大会是中国最高的国家权力机关，有权制定和修改国家宪法。在人大会议期间，全国人大代表对各项法律草案进行讨论与审议，并经过最终表决，决定是否通过或提出修改意见。全国人民代表大会根据国家的需要，及时制定、修改、废止法律，确保法律的科学性、完备性，以应对不断变化的社会现实。

全国人民代表大会通过听取政府工作报告等方式，对法律执行情况进行监督，保障法律的贯彻实施。此外，全国人民代表大会设立的全国人大常务委员会有权根据实际情况对法律进行解释，确保法律的正确适用。

Every March, the National People's Congress (NPC) is convened at the Great Hall of the People on the west side of Tiananmen Square, <u>ensuring</u> the basic <u>principles</u> and operational <u>mechanisms</u> of a legal country. The National People's Congress is the highest organ of state power in China, empowered to formulate and amend the national constitution. During the NPC sessions, national delegates deliberate and review various legislative <u>proposals</u>, and through final <u>voting</u>, decide whether to adopt or propose modifications. According to the needs of the country, the Congress promptly formulates, amends, and <u>abolishes</u> laws to ensure the scientific and comprehensive nature of the legal system, addressing the constantly changing social realities.

The National People's Congress <u>supervises</u> the implementation of laws, such as listening to government work reports, ensuring the <u>enforcement</u> of laws. In addition, the Standing Committee of the National People's Congress, established by the People's Congress, is empowered to interpret laws based on actual circumstances, ensuring the correct <u>application</u> of laws.

【综合练习 Integrated exercises】

一、读一读。Read the followings.

代表	公司代表（Company representative）
	会议代表（Conference representative）
承载	承载历史（Carry the weight of history）
	承载希望（Carry the hope）
	承载未来（Carry the future）
宣告	宣告胜利（Declare victory）
	宣告破产（Declare bankruptcy）
	宣告失败（Declare failure）
公正	公正裁决（Fair judgement）
	公正评价（Fair evaluation）
	公正对待（Fair treatment）
职责	职责分工（Division of duty）
	职责要求（Requirement of duty）
	职责范围（Scope of duty）
权威	权威解释（Authoritative interpretation）
	权威声明（Authoritative statement）
促进	促进交流（Promote communication）
	促进合作（Promote collaboration）
传承	传承文化（Inherit culture）
	传承技艺（Inherit knowledge）
	传承经验（Inherit experience）

续表

通道	安全通道（Exit passageway）	
	数据通道（Digital channel）	
办公	办公室（Office）	
	办公效率（Office efficiency）	
	办公流程（Office workflow）	
核心	核心价值（Core value）	
	核心团队（Core team）	
	核心目标（Core objective）	

二、选词填空。Fill in the blanks with the most proper words from new words.

> 建筑　　代表　　承载　　象征　　宣告
>
> 坐落　　相应　　职责　　权威　　促进
>
> 展示　　传承　　办公室　　通道　　核心

1. 律师正在_____处理法律文件。

2. 公司的法务部门是维护公司利益的_____力量。

3. 制定合理的法规可以_____公民的合法权益与社会稳定。

4. 法学院的课程_____了古老的法律传统与智慧。

5. 这份法律文件_____了政府对环境保护的承诺和

责任。

6.这家法律事务所＿＿＿＿＿于市中心，便于客户前来咨询。

7.法庭上的判决＿＿＿＿着正义的胜利与公平的实现。

8.最终法官＿＿＿＿了判决，结束了这场法庭辩论。

9.律师有＿＿＿＿保护客户的合法权益并提供法律建议。

10.这份文件是由＿＿＿＿专家负责起草的。

三、根据课文内容进行回答。Answer based on the content of the text.

1.以下哪座建筑位于中轴线南端?（　　）

A.天安门

B.最高人民法院

C.故宫

D.大运河

2.中轴线附近有哪些机构维护法律的权威与公正?

3.位于中轴线的故宫是＿＿＿＿＿＿两代的皇宫，故宫的前三殿是古代皇帝办公的地方，登基大典、＿＿＿＿＿＿＿、科举殿试等重要活动都在这里举行，是皇权运转的核心地带。

四、思考题。Thought question.

如果现在请你来制作一部纪录片，介绍北京中轴线上的中国古代法治文化，请谈谈你的具体设计与主要内容。

拓展阅读（Further reading）

中国法院博物馆

在中轴线的西侧——正义路和东交民巷的交会处，有一幢透着荷兰古典主义风格、外饰红砖清水墙的三层弧形塔楼，这就是中国法院博物馆。这幢古香古色的塔楼始建于1910年，当时是日本正金银行北京分行大楼。2016年1月6日，中国法院博物馆正式开馆，述说中国的法治百年。

在这里，你可以看到大屏幕呈现的司法公开大数据、信息化建设参数等重要指标，也可以看到《明会典》《唐律疏议》《钦定大清会典事例》等在中国法律制度史上产生过深远影响的珍贵法典。此外，这里还有"中国审判历史""人民审判历程""中国古代最高审判机构""审判服饰专题展"等特色展览，中华民族源远流长的司法文化和不同历史时期法治文化的特点，就这样通过一件件馆藏文物向你娓娓道来。除了对法治历史的回顾，中国法院博物馆还着力弘扬法治文化。通过定期举办法治讲座、法律知识竞赛等活动，博物馆积极向公众宣传法治观念。博物馆内的文献馆汇集了大量法学著作和法律文献，为法学爱好者和专业人士提供了丰富的学术资源。

中国法院博物馆的建筑风格融入了传统与现代的元素，既尊重了古老的法治传统，又展示了中国法院为迎接未来所做的不懈努力。

【生词 New words】

序号	生词	拼音	词性	英文释义
1	博物馆	bó wù guǎn	n.	museum
2	古典	gǔ diǎn	adj.	classical
3	古香古色	gǔ xiāng gǔ sè	phrase	antique, classical beauty
4	述说	shù shuō	v.	narrate
5	屏幕	píng mù	n.	screen
6	珍贵	zhēn guì	adj.	precious
7	服饰	fú shì	n.	apparel, clothing
8	展览	zhǎn lǎn	n.	exhibition
9	汇集	huì jí	v.	gather, collect

续表

序号	生词	拼音	词性	英文释义
10	竞赛	jìng sài	n.	competition
11	融入	róng rù	v.	integrate
12	尊重	zūn zhòng	v.	respect
13	不懈	bú xiè	adj.	unremitting

第12课
法治公园

法治文化公园

【导读 Warm-up】

法治文化公园是以"法治文化"为主题的公园，象征着法律的力量和法治的精神。在这里，人们可以感受法律的智慧和公正，领略法治文化的魅力。让我们一同踏入法治文化公园，探索其中的奥秘吧！

【课文 Text】

在中国政府的倡导和推动下，法治文化公园在全国各地得到了广泛的建设和发展。许多城市和地区都建立了法治文化公园，截至2023年，各地建成法治文化主题公园3500多个、广场1.2万多个、长廊3.4万多个，大多数行政社区都有了法治宣传栏等文化阵地，法治宣传教育融入了市民的日常生活。各地法治公园的主题各有特色，如江苏省南京市的宪法公园、广东省深圳市的民法公园、浙江省杭州市的行政执法法治公园和福建省厦门市的海商法法治公园等。

法治文化公园将法治元素与公园景观相融合，建设普法宣传景观。大多法治文化公园内有多个宣传亭，用展板或宣传专栏的形式，以国策法规、法治格言、警句等为主要内容进行宣传，设新法解读、以案说法、专家提示等专栏。一幅幅色彩鲜艳、生动活泼的宣传图片，让市民们不知不觉就受到了潜移默化的法治教育，同时也构成了一道颇具文化品位的公园长廊风景。

有的法治文化公园甚至还别出心裁地设计了法庭模拟区，使市民们有机会亲身体验司法过程。他们可以扮演法官、律师或证人的角色，参与庭审，感受法律的公正和权威。这种互动式的体验让法律变得生动有趣，激发了公众对法律的兴趣和热情。

法治文化公园是一个寓教于乐的场所。它不仅向公众普及法律知识，培养法治意识，还有效促进法治文化的传承和发展。在这里，市民可以切身感受到法律的公正和力量，了解法治的价值和意义，实现"出门有法、抬头见法、休闲学法"。

【生词 New words】

序号	生词	拼音	词性	英文释义
1	政府	zhèng fǔ	n.	government
2	倡导	chàng dǎo	v.	advocate
3	广泛	guǎng fàn	adj.	widespread
4	社区	shè qū	n.	community
5	元素	yuán sù	n.	element
6	融合	róng hé	v.	integrate
7	景观	jǐng guān	n.	landscape
8	格言	gé yán	n.	motto
9	提示	tí shì	n.	reminder
10	警句	jǐng jù	n.	admonition, maxim
11	解读	jiě dú	v.	interpretate
12	鲜艳	xiān yàn	adj.	bright-colored
13	活泼	huó pō	adj.	lively
14	构成	gòu chéng	v.	constitute
15	品位	pǐn wèi	n.	taste
16	长廊	cháng láng	n.	long corridor
17	扮演	bàn yǎn	v.	play a role
18	培养	péi yǎng	v.	cultivate

续表

序号	生词	拼音	词性	英文释义
19	意识	yì shí	n.	consciousness
20	休闲	xiū xián	adj.	recreational

【法律小知识 Legal insights】

建设法治文化公园是中国政府进行法治宣传教育的重要措施。实际上，全民普法是中国全面依法治国的基础工作。目前，中国已经完成了7个五年法治宣传教育规划，公民法治观念明显增强，社会治理法治化水平显著提升。除了法治文化公园的建设，各地政府的法治宣传教育还包括以下具体办法。

（1）定期举办普法宣传周活动。通过主题演讲、法治讲座、法律知识竞赛等形式，政府积极向社会传递法治理念，加深公众对法律的理解。

（2）在学校教育中推广法治课程。中小学阶段的法治教育使学生了解基本的法律知识，为培养公民的法治意识打下坚实的基础。

（3）利用多媒体进行法治宣传。政府通过互联网、电视、广播等多媒体手段，制作法治宣传片与法治微电影，以生动形象的方式向公众传递法治理念。同时，政府在各大社交媒体平台开设法治微博、公众号，及时发布法治新闻、法律法规解读、案例分析等内容，增强法制宣传的时效性与互动性。

通过政府多角度、多层次的宣传手段，法治教育深入社会各个层面，为中国建设法治社会提供有力保障。

Building legal cultural parks is an important measure in the Chinese government's promotion of legal education. In fact, comprehensive legal education for all citizens is the foundational work for China's overall governance under the rule of law. Currently, China has completed seven five-year plans for legal education, resulting in a noticeable enhancement of citizens' legal awareness and a significant improvement in the legal level of social governance. In addition to the construction of legal cultural parks, the government's legal education initiatives include the following specific methods.

First, regularly organizing Legal Education Week events. Through themed events, legal lectures, legal knowledge competitions, and other formats, the government actively conveys the concept of the rule of law to society, deepening the public's understanding of legal principles.

Second, promoting legal education in schools. Legal education at the primary and secondary school levels enables students to acquire basic legal knowledge, laying a solid foundation for cultivating citizens' awareness of the rule of law.

Third, utilizing multimedia for legal promotion. The government employs various multimedia channels such as the internet, television, and radio to create legal promotion videos and <u>microfilms</u>, vividly conveying the concept of the rule of law to the public. Additionally, the government <u>establishes</u> legal microblogs and official accounts on major social media platforms, <u>timely</u> sharing legal news, interpretations of laws and regulations, <u>case</u> analyses, etc., enhancing the timeliness and interactivity of legal promotion.

Through the government's multifaceted and multi-level approaches to promotion, legal education <u>penetrates</u> various layers of society, providing robust support for the construction of a rule of law society in China.

【综合练习 Integrated exercises 】

一、读一读。Read the followings.

倡导	倡导法治（Advocate rule of law）
	倡导公正（Advocate justice）
广泛	广泛宣传（Widespread education）
	广泛倡导（Widespread advocacy）
元素	法律元素（Legal element）
	文化元素（Cultural element）
	合同元素（Contractual element）
融合	融合色彩（Integrate color）
	融合风格（Integrate style）
	融合传统（Integrate tradition）
景观	文化景观（Cultural landscape）
	自然景观（Natural landscape）
	城市景观（Urban landscape）
格言	道德格言（Moral maxims）
	法律格言（Legal maxims）
解读	解读政策（Interpretate policy）
	解读法律文件（Interpretate legal document）
	解读数据（Interpretate data）

续表

活泼	活泼开朗（Lively and cheerful）
	活泼可爱（Lively and lovely）
扮演	扮演角色（Play a role）
	扮演主角（Play the leading role）
	扮演配角（Play the supporting role）
培养	培养人才（Cultivate talents）
	培养律师（Cultivate lawyers）
意识	法律意识（Legal awareness）
	公众意识（Public awareness）
	社会责任意识（Social responsibility awareness）
	知识产权意识（Intellectual property awareness）
休闲	休闲活动（Leisure activity）
	休闲娱乐（Leisure entertainment）
	休闲生活（Leisure lifestyle）

二、选词填空。Fill in the blanks with the most proper words from new words.

倡导	广泛	社区	元素	融合
提示	解读	鲜艳	活泼	构成
休闲	角色	意识	格言	景观

1. 政府通过举办多种法治宣传活动，以提高公众的法律_____。

2. 法律_____可以传达深刻的理念，引导社会行为准则。

3. 城市的法治_____不仅提升了城市形象，也有助于社会法治理念深入人心。

4. 公众的法治观念与行为_____了社会法治体系的重要部分。

5. 这幅画融合了东西文化_____，展现了艺术家独特的创意。

6. 他在舞台上扮演了一个有趣的_____，给观众留下了深刻的印象。

7. 手机应用程序提供了实时天气_____，帮助人们合理安排出行计划。

8. 律师对法律文件进行深入_____，为当事人提供专业的法律意见。

9. 公园的景色令人陶醉，是市民_____的好去处。

10. 她_____健康的饮食习惯，每天坚持多吃新鲜蔬菜与水果。

三、根据课文内容进行回答。Answer based on the content of the text.

1.关于法治文化公园的建设，以下哪几项描述是正确的?（多选）(　　)

A.大多数社区都有法治宣传栏等法治文化阵地

B.各地法治公园的主题都各有特色

C.法治文化公园将法治元素与公园景观相融合

D.大多法治文化公园内都设有宣传亭，用展板或宣传专栏的形式宣传法制法规

2.有的法治文化公园别出心裁地设计了_____，市民们有机会亲身体验司法过程。

3.在法治文化公园，市民可以切身感受法治的价值和意义，实现"_____、_____、_____"。

4.课文中提到的一些法治文化公园，如宪法公园、民法公园，它们各有什么特色呢?

四、调查和思考题。Survey and Thought question.

请做一个小调查，查查你所在的城市或你去过的城市有哪些法治文化公园? 不同地方是否在法治宣传方面有一些独特的创新? 你对法治文化公园的建设有哪些建议? 请在课上分享你的心得与看法。

深圳民法公园

2021年1月7日，《中华人民共和国民法典》被"搬"进了公园。经过三年的建设，深圳民法公园在《中华人民共和国民法典》正式实施的第一周，向市民正式开放。

深圳民法公园总占地面积为15.6万平方米，由"一环""一轴""一馆""四分区"组成。

"一环"指的民法环，采用了象征民法典核心精神的圆形母题，与园中的民法博物馆一起形成了整个公园的核心区域。民法环根据龙华区创作的卡通人物"华仔"从幼儿到老年的各个人生阶段，设计了66个案例，展现"华仔"在不同的年龄段与民法的关系，实现了"走完几圈民法环，学会民法典"的目标。

"一轴"指的是民法纪年轴，从南到北贯穿整个公园，全长189米，宽4米，分别对应中华人民共和国成立后的民法典起草期、民法典前序时期以及民法典时代。轴线记录了民法发展历程，直观地展现了民法沿革体系。

"一馆"指的是园中的民法博物馆。作为深圳民法公园的重要组成部分，民法博物馆突破博物馆藏品展陈时空限制，被打造成"数字化、信息化、内外联动一体化"的智能数字博物馆。馆内收藏各类具有较强民事法律特征的书籍、图片、资料、文物，呈现了从先秦时期到现代民事法律的发展历程以及特点，客观、真实、全面地再现了中国民事法律发展史。馆内还设置了体感互动装置，将展厅内容整合为民法典知识问答题库互动游戏，激发参观群众的参与热情，提升普法实效。

"四分区"则指将公园整体划分的四个区域，即门户活动区、主题观景区、滨水共享区、林间游赏区。这一设计让公园在传播民法精神意义时，兼顾娱乐休闲功能。公园内，《中华人民共和国民法典》的内容被雕刻在大理石墙上，市民置身其中，一草一木、一花一树仿佛都沾染了文化的气息。

【生词 New words】

序号	生词	拼音	词性	英文释义
1	区域	qū yù	n.	region, area
2	卡通	kǎ tōng	n.	cartoon
3	年龄	nián líng	n.	age
4	贯穿	guàn chuān	v.	throughout
5	起草	qǐ cǎo	v.	draft, draw up
6	沿革	yán gé	n.	historical development
7	突破	tū pò	v.	break through
8	时空	shí kōng	n.	space-time
9	打造	dǎ zào	v.	build, create
10	智能	zhì néng	adj.	smart, intelligent
11	收藏	shōu cáng	v.	collect
12	装置	zhuāng zhì	n.	installation
13	激发	jī fā	v.	stimulate
14	划分	huà fēn	v.	divide
15	雕刻	diāo kè	v.	carve
16	置身其中	zhì shēn qí zhōng	phrase	be placed in
17	仿佛	fǎng fú	adv.	as if, seemingly
18	气息	qì xī	n.	breath, atmosphere

答 案

第1课 认识法庭
法庭上的人在做什么?

二、选词填空

1.维持 2.依法 3.程序 4.法官 5.犯罪

6.核心 7.判决 8.职责 9.搜集

三、根据课文内容解释下面词语

原告:提起诉讼的一方

被告:被起诉的一方

代理人:是受原告或被告的委托,帮助原告或被告阐述观点、准备材料、参与庭审并完成诉讼活动的人

审判长:负责主持庭审程序的司法审判人员,是庭审的核心人员

书记员:是法庭里的辅助工作人员,负责制作庭审笔录、记录庭审的全部过程,保证庭审记录的准确和完整

第2课　宪法日
你知道什么是宪法日吗?

二、选词填空

1.全国人民代表大会　2.宣传　3.治理　4.弘扬

5.依法治国　6.权威　7.社会实践　8.实施　9.尊严

三、根据课文内容进行回答

1.A　2.错误

第3课　婚姻纠纷
离婚时财产应该如何分割?

二、选词填空

1.缺乏　2.异性　3.离婚　4.亦　5.均

6.赔偿　7.抚养　8.意愿　9.准予

三、根据课文内容进行回答

1.（1）2017　（2）2018　（3）2020　（4）2021

2.准予　离婚　陈某某　原告　陈某某十八　1100
30000　10000　40000

3.主要有三个理由:（1）双方夫妻感情确已破裂，因此准予原告和被告离婚。（2）女儿陈某某一直跟随原告生活，已形成稳定的生活环境，所以陈某某可继续跟随原告生活，并由被告支付抚养费。（3）婚姻关系存续期间，被告长年在外工作，2017年后主动与妻女失联，其未能证实该期间内履行了抚养子女等家庭义务，而原告独自抚养子女，应认定在婚姻家庭中付出较多义务，因此被告应给予原告一定的离婚经济补偿。

第4课　居留权
从"暂住证"到"居住证"

二、选词填空

1.局限性　2.失效　3.流动人口　4.改革开放　5.烦琐

6.整合　7.赋予　8.同等　9.社保　10.办理

三、根据课文内容进行回答

1. 2016　1　1　2. B

3.在流动人口的权益保障、城市管理效率和质量、社会稳定3个方面存在差异。

第5课　移民中国
中国的国际移民政策

二、选词填空

1.居住　2.纳税　3.续办　4.适应　5.外派

6.永久　7.跨国　8.政策　9.移民　10.发放

三、根据课文内容进行回答

1.C　2.B　3.A

第6课　如何预防网络诈骗
网络诈骗案例之"虚假招聘"

二、选词填空

1.怀疑　2.面试　背景　3.薪酬　吸引人

4.求职　工作　5.押金　返还　6.网络诈骗

7.招聘　8.虚假　9.挽回　10.损失

三、根据课文内容进行回答

1.C　2.错误

第7课　交通纠纷
持境外驾驶证是合法驾驶吗?

二、选词填空

1.机动车　2.主张　3.自愿　4.予以　5.损坏

6.申领　7.碰撞　8.情形　9.协议　10.驾驶

三、根据课文内容进行回答

1.C　2.200000

3.被告张某在事故发生时持有的是境外驾驶证,根据公安部驾驶证申领办法,被告未取得合法驾驶资格,属于无证驾驶。

第8课　公司纠纷
飞机延误是否可以申请赔偿?

二、选词填空

1.指定　2.有关　3.条款　4.延误　5.原判

6.背面　7.等候　8.上诉　9.遵守　10.航班

三、根据课文内容进行回答

1.D

2.香港　卡拉奇

3.外国人阿某认为，中国某航空公司的航班延误，又拒绝重新安排航程，后面的航程所产生的费用都需要自己承担，因此造成经济损失。

第9课　法治新闻
新媒体助力普法宣传

二、选词填空

1.互动　2.答复　3.留言　4.分类　5.公众

6.传达　7.助力　8.援助　9.顾问　10.普法

三、根据课文内容进行回答

1.C

2.视频节目

3.答复

4.根据案例制作普法小视频。

第10课　影视中的法律文化
电影《刮痧》中的中西法律文化冲突

二、选词填空

1.博大　2.差异　3.对立　4.胸怀　5.主人公

6.侧重　7.出品　8.官司　9.回避　10.法律纠纷

三、根据课文内容进行回答

1.B

2.爷爷。在西方，爷爷采用刮痧疗法为孙子治病被视为虐待儿童。因此，许大同为了保护父亲，选择在法庭上承担刮痧的责任。

3.在西方社会，法律侧重保护个人权利；在中国，传统文化更注重家庭责任和亲情。

第11课　法治文化
中轴线附近的法治文化

二、选词填空

1.办公室　2.核心　3.促进　4.传承　5.展示

6.坐落　7.象征　8.宣告　9.职责　10.权威

三、根据课文内容进行回答

1.A

2.中共中央政法委员会、最高人民检察院、公安部、最高人民法院四大核心政法机构。

3.明清　奏事办公

第12课　法治公园
法治文化公园

二、选词填空

1.意识　2.格言　3.景观　4.构成　5.元素

6.角色　7.提示　8.解读　9.休闲　10.倡导

三、根据课文内容进行回答

1.ABCD

2.法庭模拟区

3.出门有法　抬头见法　休闲学法

总词表

课文生词 New Words in Texts

生词	拼音	词性	英文释义	所在课
A				
案件	àn jiàn	n.	case	L1
B				
办公	bàn gōng	v.	work in an office	L11
办理	bàn lǐ	v.	handle, process	L4
扮演	bàn yǎn	v.	play a role	L12
背景	bèi jǐng	n.	background	L6
背面	bèi miàn	n.	backside	L8
被告	bèi gào	n.	defendant	L1
笔录	bǐ lù	n.	transcript	L1
辩护	biàn hù	v.	defend	L1
缤纷绚丽	bīn fēn xuàn lì	phrase	colorful and splendid	L10
博大	bó dà	adj.	broad, extensive	L10
补偿	bǔ cháng	v.	repair	L3

156

续表

生词	拼音	词性	英文释义	所在课
不可抗力	bù kě kàng lì	n.	force majeure	L8
部位	bù wèi	n.	part, position	L7
C				
才干	cái gàn	n.	talent, capability	L2
长廊	cháng láng	n.	long corridor	L12
侧重	cè zhòng	v.	emphasize, focus	L10
差异	chā yì	n.	difference	L10
倡导	chàng dǎo	v.	advocate	L12
车险	chē xiǎn	n.	vehicle insurance	L7
承担	chéng dān	v.	bear, undertake (responsibility)	L1
承载	chéng zài	v.	bear, support	L11
程序	chéng xù	n.	program	L1
冲突	chōng tū	n.	conflict	L10
出品	chū pǐn	v.	produce (a film)	L10
出征	chū zhēng	v.	set out (on a campaign)	L2
传承	chuán chéng	v.	inherit	L11
传达	chuán dá	v.	convey	L9
从而	cóng ér	conj.	thus, therefore	L9
促进	cù jìn	v.	promote	L11

续表

生词	拼音	词性	英文释义	所在课
D				
搭乘	dā chéng	v.	board, take a ride	L8
答复	dá fù	v.	reply, response	L9
代表	dài biǎo	n.	representative	L11
代理人	dài lǐ rén	n.	agent	L1
单向流出	dān xiàng liú chū	phrase	unidirectional outflow	L5
当代	dāng dài	adj.	contemporary, modern	L10
当事人	dāng shì rén	n.	party (to a lawsuit)	L1
导演	dǎo yǎn	n.	director	L10
等候	děng hòu	v.	wait	L8
电动	diàn dòng	adj.	electric	L7
对立	duì lì	v.	oppose, confront	L10
E				
儿童权益	ér tóng quán yì	phrase	children's rights	L10
F				
发放	fā fàng	v.	issue, distribute	L5
法官	fǎ guān	n.	judge	L1
法律纠纷	fǎ lǜ jiū fēn	phrase	legal dispute	L10
法庭	fǎ tíng	n.	court, tribunal	L1

续表

生词	拼音	词性	英文释义	所在课
法治	fǎ zhì	n.	rule by law	L2
烦琐	fán suǒ	adj.	complicated, cumbersome	L4
返还	fǎn huán	v.	return, refund	L6
犯罪	fàn zuì	v./n.	crime; commit a crime	L1
分类	fēn lèi	v.	classify	L9
抚养	fǔ yǎng	v.	raise	L3
赋予	fù yǔ	v.	grant, endow	L4
		G		
改革开放	gǎi gé kāi fàng	phrase	reform and opening-up	L4
赶上	gǎn shàng	v.	catch up	L8
高空	gāo kōng	n.	high altitude	L9
格言	gé yán	n.	motto	L12
个人权利	gè rén quán lì	phrase	individual rights	L10
跟随	gēn suí	v.	follow	L3
公安部	gōng'ān bù	n.	The Ministry of Public Security	L7
公共情怀	gōng gòng qíng huái	phrase	public spirit, social conscience	L2
公诉	gōng sù	n.	public prosecution	L1
公约	gōng yuē	n.	convention, treaty	L8

续表

生词	拼音	词性	英文释义	所在课
公正	gōng zhèng	n.	justice	L11
公众	gōng zhòng	n.	the public	L9
共计	gòng jì	v.	total	L3
构成	gòu chéng	v.	constitute	L12
固定	gù dìng	adj.	fixed	L5
故	gù	conj.	therefore	L8
顾问	gù wèn	n.	consultant, advisor	L9
刮痧	guā shā	v.	scraping therapy	L10
官司	guān si	n.	lawsuit	L10
广泛	guǎng fàn	adj	widespread	L12
H				
航程	háng chéng	n.	voyage	L8
和好	hé hǎo	v.	make up (relationship)	L3
和谐稳定	hé xié wěn dìng	phrase	harmonious and stable	L4
核心	hé xīn	adj./n.	core	L1, L11
弘扬	hóng yáng	v.	promote, enhance	L2
互动	hù dòng	v.	interact	L9
怀疑	huái yí	n.	suspicion, doubt	L6
皇帝	huáng dì	n.	emperor	L11

续表

生词	拼音	词性	英文释义	所在课
回避	huí bì	v.	avoid	L10
回应	huí yìng	v.	response	L1
婚姻	hūn yīn	n.	marriage	L3
活泼	huó pō	adj.	lively	L12
获得感	huò dé gǎn	n.	sense of gain	L4
		J		
机动车	jī dòng chē	n.	motor vehicle	L7
机关	jī guān	n.	office, department	L1
脊梁	jǐ liáng	n.	backbone	L11
驾驶	jià shǐ	v.	drive	L7
检察官	jiǎn chá guān	n.	prosecutor	L1
建筑	jiàn zhù	n.	architecture	L11
轿车	jiào chē	n.	sedan	L7
解读	jiě dú	v.	interpretate	L12
精神	jīng shén	n.	spirit	L10
景观	jǐng guān	n.	landscape	L12
警方	jǐng fāng	n.	police	L6
警句	jǐng jù	n.	admonition, maxim	L12
纠纷	jiū fēn	n.	dispute	L1
就业证	jiù yè zhèng	n.	employment permit	L5

生词	拼音	词性	英文释义	所在课
居留	jū liú	v.	reside, stay	L5
居留许可	jū liú xǔ kě	n.	residence permit	L5
居住	jū zhù	v.	reside, live	L5
居住证	jū zhù zhèng	n.	residence permit	L4
局限性	jú xiàn xìng	n.	limitations	L4
沮丧	jǔ sàng	adj.	depressed, disheartened	L5
拒绝	jù jué	v.	refuse	L8
据此	jù cǐ	phrase	based on this	L8
均	jūn	adv.	both, all	L3
K				
可持续发展	kě chí xù fā zhǎn	phrase	sustainable development	L4
可续期	kě xù qī	phrase	renewable	L4
跨国	kuà guó	adj.	multinational	L5
L				
良善风尚	liáng shàn fēng shàng	phrase	good customs	L2
疗法	liáo fǎ	n.	therapy	L10
留言	liú yán	n.	leave a message	L9
流动人口	liú dòng rén kǒu	n.	floating population	L4
履行	lǚ xíng	v.	fulfil	L3

续表

生词	拼音	词性	英文释义	所在课
绿卡	lǜ kǎ	n.	green card	L5
M				
面试	miàn shì	n.	interview	L6
N				
纳税	nà shuì	v.	pay taxes	L5
P				
判决	pàn jué	n.	judgment	L1
判令	pàn lìng	v.	decree	L3
培养	péi yǎng	v.	cultivate	L12
赔偿	péi cháng	v.	compensate, indemnify	L3
碰撞	pèng zhuàng	v.	collide	L7
品位	pǐn wèi	n.	taste	L12
平台	píng tái	n.	platform	L9
破裂	pò liè	v.	break down (relationship)	L3
普法	pǔ fǎ	v.	popularize law, legal education	L9
Q				
起	qǐ	mw.	describing the number of cases	L7
起诉	qǐ sù	v.	prosecute	L1

生词	拼音	词性	英文释义	所在课
桥梁	qiáo liáng	n.	bridge	L9
亲情	qīn qíng	n.	affection, family love	L10
情形	qíng xíng	n.	situation	L7
求职	qiú zhí	v.	job seeking	L6
权威	quán wēi	n.	authority	L2
权益	quán yì	n.	rights and interests	L4
全国人民代表大会	quán guó rén mín dài biǎo dà huì	n.	National People's Congress	L2
缺乏	quē fá	v.	lack	L3
R				
热点	rè diǎn	n.	hotspot	L9
人才引进	rén cái yǐn jìn	phrase	talent introduction	L5
人身	rén shēn	n.	human body	L1
融合	róng hé	v.	integrate	L12
S				
上诉	shàng sù	v.	appeal	L8
社保	shè bǎo	n.	social security	L4
社会实践	shè huì shí jiàn	phrase	social practice	L2
社交	shè jiāo	n.	social	L9

续表

生词	拼音	词性	英文释义	所在课
社区	shè qū	n.	community	L12
涉嫌	shè xián	v.	be suspected of	L1
申领	shēn lǐng	v.	apply for, receive (official documents)	L7
审理	shěn lǐ	v.	try a case, hear a case	L1
生效	shēng xiào	v.	take effect	L3
失联	shī lián	v.	missing, disappear	L3
失效	shī xiào	v.	expire, become invalid	L4
实施	shí shī	v.	implement	L2
实习	shí xí	n.	internship	L6
视为	shì wéi	v.	regard as, consider as	L7
适应	shì yìng	v.	adapt to	L5
收入	shōu rù	n.	income	L5
书记员	shū jì yuán	n.	secretary (of court)	L1
水运	shuǐ yùn	n.	water transport	L11
司法	sī fǎ	adj.	judicial	L1
搜集	sōu jí	v.	collect	L1
诉求	sù qiú	n.	appeal, demand	L1
诉讼	sù sòng	n.	lawsuit	L8

续表

生词	拼音	词性	英文释义	所在课
损害	sǔn hài	v.	damage	L3
损坏	sǔn huài	v.	damage	L7
损失	sǔn shī	n.	loss	L6
T				
提示	tí shì	n.	reminder	L12
调解	tiáo jiě	v.	mediate	L7
条款	tiáo kuǎn	n.	terms and conditions	L8
庭审	tíng shěn	v.	court trial	L1
通道	tōng dào	n.	passage	L11
同等	tóng děng	adj.	equal	L4
投票	tóu piào	v.	vote	L9
退票	tuì piào	v.	refund	L8
W				
外派	wài pài	v.	dispatch, send abroad	L5
挽回	wǎn huí	v.	recover, retrieve	L6
网络诈骗	wǎng luò zhà piàn	phrase	online fraud	L6
维持	wéi chí	v.	maintain	L1
维护	wéi hù	v.	maintain, safeguard	L2
无证驾驶	wú zhèng jià shǐ	n.	driving without a license	L7

续表

生词	拼音	词性	英文释义	所在课
		X		
吸引人	xī yǐn rén	adj.	attractive	L6
鲜艳	xiān yàn	adj.	bright-colored	L12
衔接	xián jiē	v.	connect	L8
宪法	xiàn fǎ	n.	Constitution	L2
相应	xiāng yìng	adj.	corresponding	L11
象征	xiàng zhēng	v.	symbol	L11
校训	xiào xùn	n.	school motto	L2
协议	xié yì	n.	agreement	L7
薪酬	xīn chóu	n.	salary, remuneration	L6
行驶	xíng shǐ	v.	drive	L7
幸福感	xìng fú gǎn	n.	sense of happiness	L4
胸怀	xiōng huái	n.	mind, heart	L10
休闲	xiū xián	adj.	recreational	L12
虚假	xū jiǎ	adj.	false, fake	L6
续办	xù bàn	v.	renew, extend	L5
宣传	xuān chuán	v.	publicize, propagate	L2
宣告	xuān gào	v.	declare, announce	L11
学法	xué fǎ	v.	study law	L9

续表

生词	拼音	词性	英文释义	所在课
			Y	
押金	yā jīn	n.	deposit	L6
延误	yán wù	n./v.	delay	L8
一方	yì fāng	pron.	a side, a party	L1
一体化	yì tǐ huà	adj.	integrated	L4
医疗保障	yī liáo bǎo zhàng	phrase	medical security	L4
医学证明	yī xué zhèng míng	n.	medical proof	L10
依法	yī fǎ	adv.	according to law, law-based	L1
依法治国	yī fǎ zhì guó	phrase	rule by law	L2
移民	yí mín	n.	immigrant	L5
义勇军进行曲	yì yǒng jūn jìn xíng qǔ	n.	March of the Volunteers	L2
亦	yì	adv.	also	L3
异性	yì xìng	n.	opposite sex	L3
意识	yì shí	n.	consciousness	L12
意愿	yì yuàn	n.	willness	L3
因	yīn	conj.	because of	L8
永久	yǒng jiǔ	adj.	permanent	L5
有关	yǒu guān	adj.	relevant	L8

续表

生词	拼音	词性	英文释义	所在课
元素	yuán sù	n.	element	L12
原告	yuán gào	n.	plaintiff	L1
原判	yuán pàn	n.	original judgment	L8
援助	yuán zhù	n.	aid, assistance	L9
予以	yǔ yǐ	v.	give	L7
Z				
暂住证	zàn zhù zhèng	n.	temporary residence permit	L4
展示	zhǎn shì	v.	display, exhibit	L11
招聘	zhāo pìn	v.	recruit	L6
整合	zhěng hé	v.	integrate	L4
正当	zhèng dàng	adj.	proper	L3
政策	zhèng cè	n.	policy	L5
政府	zhèng fǔ	n.	government	L12
知行合一	zhī xíng hé yī	phrase	integration of knowledge and action	L2
直线	zhí xiàn	n.	straight line	L11
职责	zhí zé	n.	job responsibility, job duty	L1
指定	zhǐ dìng	v.	designate	L8
治病	zhì bìng	v.	treat, cure a disease	L10

生词	拼音	词性	英文释义	所在课
治理	zhì lǐ	v.	govern, manage	L2
秩序	zhì xù	n.	order	L1
智慧	zhì huì	n.	wisdom	L2
中西法律文化	zhōng xī fǎ lǜ wén huà	phrase	Chinese and Western legal cultures	L10
中轴线	zhōng zhóu xiàn	n.	central axis	L11
主人公	zhǔ rén gōng	n.	protagonist	L10
主张	zhǔ zhāng	v.	advocate	L7
助力	zhù lì	v.	support	L9
专家证	zhuān jiā zhèng	n.	expert certificate	L5
准予	zhǔn yǔ	v.	grant	L3
咨询	zī xún	n.	consultation	L9
自愿	zì yuàn	v.	voluntary	L7
总的来说	zǒng de lái shuō	phrase	generally speaking, in summary	L9
尊严	zūn yán	n.	dignity	L2
遵守	zūn shǒu	v.	comply	L8
坐落	zuò luò	v.	sit, locate	L11

拓展阅读生词 New words in Further reading

生词	拼音	词性	英文释义	所在课
A				
案由	àn yóu	n.	cause of accusation	L1
B				
保证金	bǎo zhèng jīn	n.	deposit	L6
北漂	běi piāo	n.	drift north (migrant workers in Beijing)	L4
闭会	bì huì	v.	adjourn, close a meeting	L2
辩护	biàn hù	v.	defend, plea	L10
变卖	biàn mài	v.	sell	L3
驳回	bó huí	v.	reject	L8
博物馆	bó wù guǎn	n.	museum	L11
不成	bù chéng	phrase	not success	L3
不懈	bú xiè	adj.	unremitting	L11
C				
查明	chá míng	v.	find out, ascertain	L1
常住户口	cháng zhù hù kǒu	phrase	permanent residence registration	L4
撤销	chè xiāo	v.	revoke	L8
陈述	chén shù	v.	state, declare	L1

续表

生词	拼音	词性	英文释义	所在课
持证人	chí zhèng rén	n.	certificate holder	L4
重婚	chóng hūn	n.	bigamy	L3
出示	chū shì	v.	present, show	L1
创新发展	chuàng xīn fā zhǎn	phrase	innovative development	L5
D				
答辩	dá biàn	v.	defend	L1
打造	dǎ zào	v.	build, create	L12
当事人	dāng shì rén	n.	parties involved	L7
底线	dǐ xiàn	n.	bottom line	L10
雕刻	diāo kè	v.	carve	L12
毒舌	dú shé	adj.	sharp-tongued	L10
蹲	dūn	v.	squat, crouch	L4
E				
遏制	è zhì	v.	curb, restrain	L6
二元结构	èr yuán jié gòu	phrase	dual structure	L4
F				
发布	fā bù	v.	release, publish	L7
法定	fǎ dìng	adj.	legal, statutory	L5
法律条文	fǎ lǜ tiáo wén	phrase	legal provisions	L10

续表

生词	拼音	词性	英文释义	所在课
法条	fǎ tiáo	n.	legal provisions	L9
法治社会	fǎ zhì shè huì	phrase	rule of law society	L10
返利	fǎn lì	n.	rebate, cashback	L6
犯罪	fàn zuì	v.	commit a crime	L9
仿佛	fǎng fú	adv.	as if, seemingly	L12
防卫过当	fáng wèi guò dàng	n.	excessive defense	L9
废止	fèi zhǐ	v.	abolish, annul	L2
分割	fēn gē	v.	divide, distribute	L3
愤世嫉俗	fèn shì jí sú	phrase	cynical	L10
风尚	fēng shàng	n.	fashion, trend	L2
符合	fú hé	v.	conform, match	L2
服饰	fú shì	n.	apparel, clothing	L11
服务保障	fú wù bǎo zhàng	phrase	service guarantee	L5
抚育	fǔ yù	v.	nurture	L3
G				
改革	gǎi gé	n.	reform	L7
改革开放	gǎi gé kāi fàng	phrase	reform and opening-up	L2
高层次	gāo céng cì	adj.	high-level	L5

续表

生词	拼音	词性	英文释义	所在课
高水平开放	gāo shuǐ píng kāi fàng	phrase	high-level opening-up	L5
高质量发展	gāo zhì liàng fā zhǎn	phrase	high-quality development	L5
告知	gào zhī	v.	inform	L1
个别	gè bié	adj.	individual, specific	L2
公德	gōng dé	n.	public morality	L2
贡献	gòng xiàn	n./v.	contribution, contribute	L5
共享	gòng xiǎng	v.	share, co-share	L7
古典	gǔ diǎn	adj.	classical	L11
古香古色	gǔ xiāng gǔ sè	phrase	antique, classical beauty	L11
关爱	guān ài	v.	care	L3
贯穿	guàn chuān	v.	throughout	L12
管理	guǎn lǐ	n./v.	management, manage	L5
关联	guān lián	v.	correlate	L1
广泛	guǎng fàn	adj.	widely	L9
过错	guò cuò	n.	fault	L3
国家标识	guó jiā biāo shí	phrase	national emblem	L5
国情	guó qíng	n.	national conditions	L2

续表

生词	拼音	词性	英文释义	所在课
		H		
海外人才	hǎi wài rén cái	n.	overseas talent	L5
含冤入狱	hán yuān rù yù	phrase	be wrongfully imprisoned	L10
核对	hé duì	v.	check, verify	L1
和睦	hé mù	adj.	harmony	L3
和谐	hé xié	n.	harmony	L7
核心	hé xīn	adj.	core	L2
划分	huà fēn	v.	divide	L12
化解	huà jiě	v.	resolve, alleviate	L7
回避	huí bì	v.	withdrawal	L1
恢复	huī fù	v.	restore, reinstate	L2
挥霍	huī huò	v.	squander	L3
汇集	huì jí	v.	gather, collect	L11
毁损	huǐ sǔn	v.	damage	L3
会员费	huì yuán fèi	n.	membership fee	L6
		J		
及	jí	conj.	and	L1
激发	jī fā	v.	stimulate	L12
计划生育	jì huà shēng yù	phrase	family planning	L4

续表

生词	拼音	词性	英文释义	所在课
家风	jiā fēng	n.	family tradition	L3
鉴定	jiàn dìng	n.	appraisal, identification	L7
监督	jiān dū	v.	supervise	L7
坚守	jiān shǒu	v.	adhere to, stand by	L10
艰辛	jiān xīn	adj.	arduous, hard	L4
讲解	jiǎng jiě	v.	explain	L9
讲课	jiǎng kè	v.	lecture	L9
缴纳	jiǎo nà	v.	pay, contribute	L4
解冻金	jiě dòng jīn	n.	thawing fund, unlock fund	L6
金融理财顾问	jīn róng lǐ cái gù wèn	phrase	financial advisor	L6
敬老爱幼	jìng lǎo ài yòu	phrase	respect the aged and cherish the young	L3
竞赛	jìng sài	n.	competition	L11
精神文明	jīng shén wén míng	phrase	spiritual civilization	L2
敬畏	jìng wèi	n.	awe, reverence	L10
聚焦	jù jiāo	v.	focus on	L6
举证	jǔ zhèng	v.	provide evidence	L1
角色塑造	jué sè sù zào	phrase	character portrayal	L10

续表

生词	拼音	词性	英文释义	所在课
		K		
卡单	kǎ dān	n./v.	order stuck	L6
卡通	kǎ tōng	n.	cartoon	L12
开庭	kāi tíng	v.	open a court session	L1
看得见	kàn de jiàn	phrase	visible	L7
慷慨陈词	kāng kǎi chén cí	phrase	impassioned speech	L10
克服	kè fú	v.	overcome	L10
		L		
劳动保障	láo dòng bǎo zhàng	phrase	labor protection	L4
里程碑	lǐ chéng bēi	n.	milestone	L2
历史舞台	lì shǐ wǔ tái	phrase	historical stage	L4
连续居住	lián xù jū zhù	phrase	continuous residence	L4
另	lìng	adj.	another	L3
凌驾	líng jià	v.	dominate, override	L10
流程	liú chéng	n.	flow, process	L1
漏洞	lòu dòng	n.	loophole	L6
落户	luò hù	v.	settle down, register for residency	L4

续表

生词	拼音	词性	英文释义	所在课
M				
冒充	mào chōng	v.	impersonate	L6
美德	měi dé	n.	virtue	L3
魅力	mèi lì	n.	charm	L9
面貌	miàn mào	n.	appearance, face	L2
民法典	mín fǎ diǎn	n.	Civil Code	L3
民主集中制	mín zhǔ jí zhōng zhì	n.	democratic centralism	L2
N				
拿到	ná dào	v.	obtain, get	L4
年龄	nián líng	n.	age	L12
捏	niē	v.	hold tightly, pinch	L4
虐待	nüè dài	n./v.	abuse, abusement	L3
虐童案	nüè tóng'àn	n.	child abuse case	L10
P				
篇章	piān zhāng	n.	text, article	L2
平衡	píng héng	v.	balance	L9
屏幕	píng mù	n.	screen	L11
评审	píng shěn	v.	review	L8
评议	píng yì	v.	review, discuss	L1

续表

生词	拼音	词性	英文释义	所在课
			Q	
起草	qǐ cǎo	v.	draft, draw up	L12
启动	qǐ dòng	v.	launch, start	L7
企图	qǐ tú	v.	attempt	L3
气息	qì xī	n.	breath, atmosphere	L12
启用	qǐ yòng	v.	put into use	L5
签发	qiān fā	v.	sign and issue	L5
侵犯	qīn fàn	v.	violate	L9
侵权	qīn quán	v.	infringement	L7
侵占	qīn zhàn	v.	encroach	L3
情感刻画	qíng gǎn kè huà	phrase	emotional depiction	L10
情节转折	qíng jié zhuǎn zhé	phrase	plot twist	L10
清晰	qīng xī	adj.	clear	L7
情形	qíng xíng	n.	case, condition	L3
区域	qū yù	n.	region, area	L12
权贵	quán guì	n.	powerful and rich people	L10
权利	quán lì	n.	right	L1
全面实行	quán miàn shí xíng	phrase	fully implement	L4

续表

生词	拼音	词性	英文释义	所在课
群众	qún zhòng	n.	masses, people	L2
R				
认定	rèn dìng	v.	identify, recognize	L8
任期制度	rèn qī zhì dù	phrase	tenure system	L2
人文精神	rén wén jīng shén	phrase	humanistic spirit	L2
融入	róng rù	v.	integrate	L11
S				
商标	shāng biāo	n.	trademark	L8
上述	shàng shù	adj.	above-mentioned	L3
社会保险费	shè huì bǎo xiǎn fèi	n.	social insurance fee	L4
社会制度	shè huì zhì dù	phrase	social system	L10
涉及	shè jí	v.	involve	L3
身份证件	shēn fèn zhèng jiàn	phrase	identity document	L5
深恶痛绝	shēn wù tòng jué	phrase	deeply detest	L6
试点	shì diǎn	n.	pilot (program/project)	L7
是否	shì fǒu	adv.	whether or not	L1
时空	shí kōng	n.	space-time	L12
收藏	shōu cáng	v.	collect	L12

续表

生词	拼音	词性	英文释义	所在课
输出	shū chū	v.	output	L9
树立	shù lì	v.	establish	L3
述说	shù shuō	v.	narrate	L11
诉讼	sù sòng	n.	lawsuit, litigation	L1
T				
逃避	táo bì	v.	evade	L7
套现	tào xiàn	v.	cash out	L6
条款	tiáo kuǎn	n.	clause, provision	L2
条文	tiáo wén	n.	article	L2
调整	tiáo zhěng	v.	adjust, regulate	L2
同城	tóng chéng	adj.	same city	L4
投资兴业	tóu zī xīng yè	phrase	invest and start businesses	L5
突破	tū pò	v.	break through	L12
凸显	tū xiǎn	v.	highlight, emphasize	L2
退出	tuì chū	v.	withdraw, exit	L4
推行	tuī xíng	v.	carry out, implement	L4
妥协	tuǒ xié	v.	compromise	L4
W				
玩世不恭	wán shì bù gōng	phrase	flippant, not respectful	L10
委员会	wěi yuán huì	n.	committee	L8

续表

生词	拼音	词性	英文释义	所在课
伪造	wěi zào	v.	forge	L3
误判	wù pàn	n.	misjudge	L10
物质文明	wù zhì wén míng	phrase	material civilization	L2
X				
熄灭	xī miè	v.	extinguish	L4
下列	xià liè	adj.	following	L1
先后	xiān hòu	adv.	successively	L1
享有	xiǎng yǒu	v.	enjoy, have (rights, privileges, etc.)	L8
协议	xié yì	n.	protocol	L3
协助	xié zhù	v.	assist	L3
信息化	xìn xī huà	n.	informatization	L5
姓名权	xìng míng quán	n.	right of name	L8
修正	xiū zhèng	v.	amend, revise	L2
宣判	xuān pàn	v.	sentence	L1
询问	xún wèn	v.	inquiry	L1
Y				
咽	yàn	v.	swallow	L4
沿革	yán gé	n.	historical development	L12
演化	yǎn huà	v.	evolve	L6

续表

生词	拼音	词性	英文释义	所在课
严肃	yán sù	adj.	serious	L9
依据	yī jù	prep.	based on	L1
移民管理局	yí mín guǎn lǐ jú	n.	immigration administration bureau	L5
遗弃	yí qì	v.	abandon	L3
义务	yì wù	n.	obligation	L1
异乡人	yì xiāng rén	n.	stranger, foreigner	L4
隐藏	yǐn cáng	v.	hide	L3
引流	yǐn liú	v.	divert, lead traffic	L6
永久居留	yǒng jiǔ jū liú	phrase	permanent residency	L5
用来	yòng lái	prep.	be used for	L1
用品	yòng pǐn	n.	goods	L8
拥有	yōng yǒu	v.	possess	L9
有权	yǒu quán	v.	authorize, have the right to	L3
娱乐	yú lè	n.	entertainment	L9
源头	yuán tóu	n.	source, origin	L7
Z				
再次	zài cì	adv.	again	L3
责任	zé rèn	n.	responsibility	L10

续表

生词	拼音	词性	英文释义	所在课
增加	zēng jiā	v.	increase, add	L2
债务	zhài wù	n.	debt	L3
展览	zhǎn lǎn	n.	exhibition	L11
照料	zhào liào	v.	take care of	L3
珍贵	zhēn guì	adj.	precious	L11
政府友谊奖	zhèng fǔ yǒu yì jiǎng	n.	Government Friendship Award	L5
正义	zhèng yì	n.	justice, righteousness	L7
争议	zhēng yì	n.	dispute	L8
制度	zhì dù	n.	system, institution	L10
知名	zhī míng	adj.	well-known	L8
职能	zhí néng	n.	function, capability	L2
智能	zhì néng	adj.	smart, intelligent	L12
置身其中	zhì shēn qí zhōng	phrase	be placed in	L12
指向	zhǐ xiàng	v.	point to	L8
质证	zhì zhèng	v.	question the witness	L1
忠实	zhōng shí	adj.	faithful	L3
钟氏家族	zhōng shì jiā zú	n.	Zhong family	L10
周转	zhōu zhuǎn	v.	turnover, cash flow	L6

续表

生词	拼音	词性	英文释义	所在课
注册	zhù cè	n.	registration	L8
专业技术	zhuān yè jì shù	phrase	professional technology	L5
装置	zhuāng zhì	n.	installation	L12
足以	zú yǐ	adv.	sufficiently	L8
最终	zuì zhōng	n.	final	L1
尊重	zūn zhòng	v.	respect	L11